Plutarch

Wie man den Schmeichler vom Freund unterscheidet

Frontispiz der ältesten deutschen Übersetzung, verfasst von
Georg Spalatin, im Jahre 1520

PLUTARCH

WIE MAN DEN SCHMEICHLER VOM FREUND UNTERSCHEIDET

in der Übersetzung von
Joh. Friedr. Sal. Kaltwasser
kommentiert und herausgegeben von
Alessandra Lukinovich und Madeleine Rousset
und mit einem Nachwort von
Walter Seitter

VERLAG GACHNANG & SPRINGER
BERN – BERLIN

1988

EINLEITUNG

DIE Berühmtheit des Plutarch von Chaironeia (ca. 40–120 n. Chr.), des Verfassers der *Parallelen Leben* der grossen Griechen und Römer, beruht ebenso sehr auf seinen zahlreichen kleinen Schriften über verschiedene Themen wissenschaftlicher, moralischer oder religiöser Art, die unter dem herkömmlichen Titel *Moralia* zusammengefasst werden – auch wenn diese heute nicht mehr so beliebt sind wie in anderen Epochen der europäischen Kulturgeschichte, besonders vom 16. bis zum 18. Jahrhundert.

Die kurze Abhandlung, die bei Plutarch *Wie man den Schmeichler vom Freund unterscheide* heisst, besteht aus einer Reihe von Überlegungen und praktischen Ratschlägen zur Frage der wahren und der falschen Freundschaft. Das Werk hat einen ausdrücklichen Adressaten in der Person eines Zeitgenossen: Caius Julius Antiochos Epiphanes Philopappos, ein Fürst syrischer Herkunft, aus der hellenistischen Dynastie der Seleukiden, Enkel von Antiochos IV. von Kommagene. Dieser regierte nach verschiedenen Wechselfällen schliesslich über sein Land, aber unter der strikten Kontrolle Roms, bis zum Jahr 72, in dem er von Vespasianus entthront wurde. Sein Enkel, an den Plutarch sich wendet, trägt den Beinamen «Philopappos» («der seinen Grossvater liebt») und ist uns hauptsächlich durch sein imposantes Grabmal bekannt, das zwischen 114 und 116 auf dem Musenhügel in Athen errichtet worden ist, wo es noch heute steht. Als syrischer Fürst, Bürger und Wohltäter von Athen, ist Antiochos Philopappos auf der Stufenleiter des römischen *cursus honorum* emporgestiegen: Ein Relief des Monuments stellt ihn auf einem Wagen, dem Liktoren vorangehen, als Konsul dar, und zwei Inschriften, eine in Latein, die andere (heute verloren) in Griechisch, zählen seine Ehrentitel auf.

Diese Persönlichkeit ist charakteristisch für die Welt, in der Plutarch lebt: Sie ist gekennzeichnet von der Macht Roms und vom geistigen Prestige Griechenlands, aber auch vom unüberwindbaren Graben, der die Gegenwart von einer nunmehr «klassischen» Vergangenheit trennt, einem Graben, den die historischen Veränderungen und die neuen Horizonte ausgehoben haben – trotz der Anstrengung von Männern wie Plutarch, die versuchen, das Fortdauern dieser idealisierten Vergangenheit zu gewährleisten, die ständig heraufbeschworen wird, aber ein für alle Mal vergangen ist.

Die Abhandlung trägt das Markenzeichen ihrer Epoche auch in ihren Ideen, in ihren Bezugnahmen, in ihrer Rhetorik. Sie ist geprägt von der Persönlichkeit ihres Autors: ein romanisierter Grieche, Priester in Delphi, getränkt mit platonischer, aristotelischer, stoischer Philosophie.

Die Lektüre des Traktates ist also ohne Zweifel von historischem Interesse. Aber ist es nur das? Die Schrift mag auf den ersten Blick obsolet erscheinen: Die Konzeption der Freundschaft und der Schmeichelei, die darin entfaltet wird, sowie die andauernd spürbare praktische und moralische Absicht entsprechen nicht den vorgefassten Meinungen und Anliegen des heutigen Lesers. Trotzdem vermögen die intellektuelle Vorgangsweise und ihr literarischer Ausdruck, die uns gleichermassen fremd sind, gerade durch ihre Fremdheit ein Interesse zu erwecken, eine Faszination auszuüben, das Denken zu befruchten...

Ähnlichkeit, Schein, Illusion

Nach Plutarch hat die Freundschaft ihren Ursprung in der spontanen Anziehung zweier Wesen, die sich in ihrem Charakter, ihren Meinungen, ihren Bestrebungen und ihrer Lebensart ähneln. Der Freund ist ein kostbares Gut, ein Beistand, da er jederzeit für den Freund das wünscht, was dieser für sich selber wünschen würde: Er ist gewissermassen eine Ergänzung für das Ich. Das Lob und die Billigung des Freundes ermutigen dazu, Gutes zu tun und das Glück zu realisieren; seine Ratschläge und seine Vorwürfe helfen, Irrtümer zu vermeiden und Schicksalsschläge auszuhalten. Der Freund ist also einer, der sich dem anderen anschliesst, weil er ihm ähnelt, und der das Wohl seines Freundes ebenso im Auge hat wie sein eigenes. Und dieses Wohl besteht, nach Plutarch, wesentlich darin, ein Tugendideal zu suchen und zu verwirklichen.

Der Schmeichler nun, der mit den Besten verkehren möchte, um von ihrem Reichtum, von ihrem Ansehen oder von ihrer Macht zu profitieren und um Güter zu geniessen, die er sich selber aufgrund seiner Mittelmässigkeit nicht beschaffen kann, gibt sich für einen Freund aus, obwohl er es nicht ist. Tatsächlich hat der Schmeichler, im Gegensatz zum Freund, mit seinem Opfer nichts gemeinsam: Er ist ein gemeiner und niedriger Geist, der vornehmen und erhabenen Geistern auflauert. Er muss daher die Ähnlichkeit simulieren, die, wie er weiss, das Fundament der Freundschaft ist: Um einem wahren Freund zu gleichen, muss er vorgeben, denen zu ähneln, an die er sich heranmacht. Darin liegt seine Perversität.

Seine künstliche, verfälschte Ähnlichkeit ist also nur Abglanz, Nachahmung. Insofern gehört sie nicht dem Bereich der Wahrheit an, sondern dem des Scheins: Der Schmeichler hat nur eine geliehene, abgeleitete, unechte Identität. Er richtet sein äusseres Verhalten nach der Persönlichkeit des anderen, ohne Unterlass passt er sich flexibel den Umständen an. Mittelmässig, wie er ist, sucht er nicht die Tugend, er ahmt nur die Äusserungen der Freundschaft nach und entleert sie ihres moralischen Wertes. Daher ist er unfähig, die Rolle des Freundes zu übernehmen.

Der Freund, der dem anderen in seiner Natur, in seinem Sein ähnlich ist, und nicht bloss im äusseren Schein, hat es nicht nötig, sich anzupassen und sich umzuformen: Im Gegenteil, er bleibt er selber, treu seiner eigenen Wahrheit, und hilft seinem Freund dort, wo er gut ist, gleichfalls er selber zu bleiben, oder sich entsprechend seinen guten Bestrebungen zu bessern. Der Schmeichler hingegen vermag niemanden zu bessern, denn er denkt, spricht und handelt nur reaktiv, und er ermutigt sein Opfer nur in seinen schlechten Neigungen, um es fester an sich zu binden. Im Schein des Guten, oder besser weil der Schein sein einziges Gut ist – ist er ein Übel. Das platonische Denken, das diesen Erörterungen ständig zugrunde liegt, ist besonders in dieser Konzeption zu fassen, die Wahrheit, Beständigkeit und Gutes verbindet und dem Schein, der Unbeständigkeit und dem Übel entgegensetzt, ebenso wie sie die Eigentlichkeit der Nachahmung entgegenstellt.

Ebenfalls mit Bezugnahme auf Platon erklärt Plutarch die paradoxe Neigung der besten Seelen, den Schmeichlern leicht zum Opfer zu fallen. Denn die vornehme Seele, sagt er, ist für übermässige Selbstliebe empfänglich. Aus diesem Übermass erwächst die schlechte Neigung: Jede übermässige Liebe ist blind für die Fehler des Geliebten und verleitet dazu, ihm alle wünschenswerten Güter zuzuschreiben, als wären sie in seiner Person bereits realisiert. So wird derjenige, der sich selber zu sehr liebt, auch sich selber gegenüber blind und glaubt folglich blindlings an das falsche Bild, das der Schmeichler von ihm zeichnet und das er ihm wunschgemäss zuspielt.

In der Freundschaft ist das Lob eine Quelle der Selbsterkenntnis und des Vergnügens, denn es bestätigt und ermutigt das Individuum in seinen Hoffnungen: Das Lob des Freundes beweist, dass sich diese oder jene Bestrebung tatsächlich realisiert hat, und es stellt eine verdiente Belohnung für die legitime Selbstliebe dar. Der Schmeichler aber macht aus dem Lob eine verführerische und täuschende Spiegelung, die sein Opfer ködert und es in ein Spiel von ausweglosen Illusionen irreführt. Der Schmeichler profitiert nicht nur von der falschen Selbsterkenntnis, er arbeitet auch an ihrem Bestand. Er ist ein Feind der Wahrheit, der um so mächtiger ist, als er seine Aktion nicht bloss auf einen Wissensmangel beim anderen stützt, sondern auf die kaum begründete subjektive Meinung, die der andere von sich selber hat: die «falsche Meinung», die sich der Wahrnehmung der Wahrheit entgegenstellt. Der griechische Ausdruck *oíesis,* der «Meinung» bedeutet, bezeichnet in der Sprache der Moral auch die ungerechtfertigte hohe Meinung von sich selber, die Anmassung, den Eigendünkel. Plutarch spielt mit den verschiedenen Bedeutungen des Wortes, womit er ebenfalls einer Analyse platonischen Typs treu ist. Er warnt vor der Verblendung, die eine übermässige Selbstliebe verursacht, indem er auf die apollinische Maxime *Erkenne dich selbst!* verweist: d. h. erkenne deine Grenzen und deine Fehler! Mit anderen Worten: verblende dich nicht, wenn du nicht von anderen verblendet werden willst! Der Widerschein der Persönlichkeit, den der Schmeichler zeigt, kann jedenfalls nicht als Mittel zur Selbsterkenntnis dienen. Hier ist anzumerken, dass für Plutarch der Spiegel nicht ein Instrument der Selbsterkenntnis ist: Er liefert das für den Schmeichler charakteristische Bild – *welcher, wie ein Spiegel, nur die Bilder fremder Leidenschaften, Lebensarten und Bewegungen aufnimmt;* der Spiegel wird als ein nutzloser Gegenstand betrachtet und negativ konnotiert. Der Wert des Freundes besteht darin, dass er gerade kein Spiegel ist: Trotz seiner Ähnlichkeit hat der Freund eine ganz eigene, autonome Identität, die dem Übermass des narzisstischen Begehrens seines

Freundes Widerstand bietet: Er setzt ihm eine Anders-
heit entgegen und nur unter dieser Bedingung hat er
die Macht, den andern bewusst werden zu lassen, was
er wirklich ist, ihm die Augen über ihn selber zu öffnen, ihn seiner Wahrheit gegenübertreten zu lassen.

Kunst der Schmeichelei, Kunst der Freundschaft

Ein Geschöpf von wechselndem Schein, definiert sich
also der Schmeichler durch seinen eigenen Identitäts-
mangel, durch seinen Seinsmangel: *indem er, wie Plato
sagt, mangels eigener Farbe und Gestalt, sich mit fremden
schmückt.* Er ist nur Lüge und Nachahmung, und
darum ist er so schwer zu erkennen. Er ist tatsächlich
ein Proteus: Fasst man ihn, so ist er schon ein anderer,
und auf diese Weise entwischt er jeder Festlegung. Er
beherrscht die Kunst der Vortäuschung und der Verstellung – seine ganze Existenz hängt daran. Seine Persönlichkeit ist ein Kunststück, das er kontinuierlich
und professionell fabriziert. Sein Ziel ist es, Ver-
trauensseligkeit einzuflössen und sein Opfer zu ge-
winnen, ohne dass dieses die Gefahr, die er für es darstellt, wahrnimmt. Plutarch vergleicht diese Technik
mit der Kunst der Tierzähmung.

Um den Schmeichler zu erkennen und zu entlar-
ven, muss man also zuerst seine Simulationstechniken
durchschauen. Aber man muss sie auch selber einzu-
setzen wissen: Wer den Schmeichler austricksen will,
muss sich selber zum Heuchler machen. Er muss auf
die gleichen Kunstgriffe und Verstellungen zurück-
greifen; er muss versuchen, dem Schmeichler die Falle
des falschen Scheins zu legen: Seinerseits überlistet,

wird sich der Schmeichler erwartungsgemäss anpassen und so in flagranti ertappt werden. Er wird sich genau durch das verraten, was ihn vom wirklichen Freund unterscheidet: durch seine bedingungslose Anpassungsbereitschaft, durch die Haltlosigkeit seiner Fassade. Die Verfahren der Vortäuschung und der Verstellung treten also in den Dienst der Täuschung wie in den ihrer Blossstellung. In diesem Kontext taucht ein ganzes Netz von Vergleichen mit den Tätigkeiten der Jagd auf: Der Schmeichler, der seinem Opfer die Falle zu stellen sucht, wird – wie der Sophist bei Platon – mit dem Jäger verglichen, aber er wird seinerseits zum Wild, wenn sich der, der ihn ausschalten will, auf die Jagd begibt. Schmeichler und Freund wechseln also ihre Rolle, sie rivalisieren in der List – auf die Gefahr hin, sich neuerlich anzugleichen. Die Beschreibung dieser Prozeduren ist das Thema des ersten Teils dieses Traktates, der somit als praktisches Handbuch fungiert, als Anleitung zu einer *téchnē*. In der Art einer Jagdfibel lehrt das Traktat, wie man fängt, ohne sich fangen zu lassen. Und dieses Wissen erwirbt man, indem man den Schmeichler beobachtet, der es darin zur Meisterschaft gebracht hat. So wird der Schmeichler gewissermassen zum Modell für den Umgang mit dem Schein und für die Beherrschung des Verhaltens. Plutarchs Text macht Schritt für Schritt verständlich, dass die Existenz des Schmeichlers den Freund zwingt, gleichfalls die Freundschaft als eine Kunst auszuüben: nicht nur um sich vor dem Schmeichler zu schützen, sondern auch um keinen Irrtum zu begehen in der Angst, seinerseits von einem andern mit einem Schmeichler verwechselt

zu werden. Auf diese Weise gelingt es der Schmeichelei, die Ausübung der Freundschaft ihrem eigenen Ge-
setz zu unterwerfen: Mitten im Wahren und Guten
verschafft sich die Kunst des Scheins so ihre Wirksamkeit und ihre Aufwertung in einer praktischen Perspektive; und bei allem Festhalten an seiner moralischen Intention lässt sich Plutarch dazu verführen,
die vielfältigen Facetten der Geschicklichkeit des
Schmeichlers, des Meisters aller Tricks, spiegeln und
schillern zu lassen.

Er ist auch ein Meister der Vergnügen, hat er doch
die wahre Natur der Freundschaft in ihrer unentwirr-
baren Vermischung aus Nützlichkeit und Annehmlichkeit erfasst. Er kennt die Anziehungskraft der Lust
und die Wichtigkeit ihres Lobes – und weiss davon
Gebrauch zu machen, um jemanden an sich zu binden.
Aufgrund der Annehmlichkeit, die sie bietet, riskiert
die Schmeichelei, den Sieg über eine Freundschaft da-
vonzutragen, die sich manchmal streng und kompro-
misslos allein ihrem Nutzwert verschreibt, um sich gerade dadurch von der Schmeichelei zu unterscheiden.
Eine solche in die Verteidigung gedrängte Freundschaft wird sich darauf zurückziehen, offen zu sprechen und zu tadeln; sie wird dem Lob und dem Vergnügen entsagen – die doch wesentliche Elemente der
Freundschaftsbeziehung sind. Indem er tadelt und ver-
letzt, glaubt der Freund, seine Sorge um die Wahrheit
und folglich seine Aufrichtigkeit zu beweisen. Aber
eine solche Freundschaft spielt gerade das Spiel des
Schmeichlers. Überdies beschränkt sich dieser keineswegs auf das Lob und das Vergnügen, keineswegs
überlässt er den Tadel und das offene Wort gänzlich

dem wirklichen Freund: Auch er bedient sich dieser Vorrechte der Freundschaft und unterwirft sie seinen Absichten.

Damit wird es für den Freund notwendig, den richtigen Gebrauch der Freimütigkeit zu lernen, auf welchen Begriff sich der zweite Teil des Traktates konzentriert. Die Freimütigkeit, griechisch *parrhēsía,* ist zugleich eine moralische Haltung und ein Sprechverhalten. Auf den ersten Blick mag es paradox erscheinen, dass der Schmeichler, dieses Lügenwesen, von der Freimütigkeit Gebrauch macht. Aber man darf nicht vergessen, dass er den Freund in allen Dingen nachahmen muss, wenn er seine Ziele erreichen will. Also simuliert er die Freimütigkeit – was einen Gipfel von Perversität und Künstlichkeit darstellt – und gebraucht sie als eine besonders raffinierte Falle. Plutarch zeigt, wie man die wirkliche und die vorgetäuschte Freimütigkeit unterscheiden kann; er gibt aber auch ein Beispiel für eine geschickte Verwendung durch den Schmeichler, von der sich der Freund inspirieren lassen sollte. Denn der Einsatz der *parrhēsía* ist eine delikate Angelegenheit. Auch wenn sie darin besteht, «alles zu sagen» (das ist der Sinn des griechischen Wortes), und auch wenn sie sich der moralischen Intention unterwirft, ihren Adressaten zu bessern, so wirkt sie doch nur dann, wenn sie mit Takt und Vorsicht gebraucht wird. Daher ist es nicht erstaunlich, dass der Schmeichler besonders gewandt ist bei ihrem Einsatz – im Gegensatz zum Freund, der seiner Natur gemäss in seine Handlungen und Worte kein Kalkül einfliessen lässt.

Der Freund muss also nach dem Beispiel des

Schmeichlers lernen, die Wirkung seiner Worte zu kalkulieren; andernfalls wird er zu verletzend sein, er wird seinen Freund dem Schmeichler in die Arme treiben, da er einen gefälligen Spiegel sucht, der ihn in seiner guten Meinung von sich selber bestätigt. Er darf die Eigenliebe des anderen nicht zu sehr brüskieren – jene Selbstliebe, der die Freundschaft ihre Existenz verdankt, wie Plutarch am Anfang seines Traktates ausführt. Man stösst hier wieder auf die Lehre des delphischen *mēdèn ágan* (nichts zuviel), welche schon in der Aufforderung liegt, sich selber nicht zu sehr zu lieben. Seine Freimütigkeit mässigen: das ist der wesentliche Rat, den der zweite Teil von Plutarchs *téchnē* vorträgt. Die Haltung des wahrhaften Freundes wird mit derjenigen des Arztes verglichen: Wie der Arzt darf der Freund nicht davor zurückschrecken, dem anderen notfalls Schmerz zuzufügen: Manchmal muss er ohne Gefälligkeit offen sprechen; aber er darf auch nicht versäumen, den Schmerz, den er zugefügt hat, danach zu lindern, und dazu muss er sich sanft und angenehm erweisen. Sein «therapeutisches» Ziel unterscheidet ihn vom Schmeichler, der nur aufs Vergnügen zielt und dessen falsche Freimütigkeit indirekt immer ein Lob ist – ein falsches Lob natürlich, ein perverses Lob, das seinem Opfer schadet und seine schlechten Neigungen unterstützt. Der Schmeichler wird mit dem Koch verglichen, dem es wenig bedeutet, dass die Speisen, die er für den Wohlgeschmack des Gaumens zubereitet, dem Magen Beschwerden machen. Diese beiden Vergleichsfelder – Medizin und Küche – verweisen ebenfalls auf das platonische Denken, wo sie dazu dienen, die Unterscheidung zwischen den heilsamen, auf das wirkliche Wohl des Körpers und der Seele zielenden Tätigkeiten und den nur auf die unmittelbare Lust der Sinne und die Illusion zielenden Tätigkeiten zu illustrieren. Wie der Arzt und der Koch haben der Schmeichler und der Freund, auch wenn sie zu den selben Zutaten greifen (zu den herben wie zu den süssen), immer entgegengesetzte Ziele.

Um die Freimütigkeit wirksam zu machen, muss auch der Freund sie mit Takt einsetzen. Die Fähigkeit, die passende Gelegenheit zu ergreifen, ist ebenfalls eine Kunst, in der es der Schmeichler zur Meisterschaft gebracht hat, da er sich unaufhörlich nach den Umständen und nach dem alleinigen Kriterium der Opportunität konstruiert. Aber auch hier darf der Freund, selbst wenn er vom Schmeichler die Beherrschung des *kairós* – des günstigen Moments, der Gelegenheit – lernen kann, doch nicht aus dem Auge lassen, was diese Anpassung an die Umstände rechtfertigt. Der Freund sucht im rechten Augenblick sein eigenes Sein, sein authentisches Urteil zu manifestieren, welches als feste Richtlinie die Wahrheit und als Ziel das Gute hat.

Während sich die Kunst des Schmeichlers ganz und gar in der Welt des Scheins erschöpft – der Schmeichler wird mit dem Spiegel, mit dem Chamäleon, mit dem Polyp, mit dem Schatten verglichen –, besteht die Kunst des Freundes darin, die Wahrheit zu dosieren: Sie ist also gleichfalls eine Kunst des Zeigens, aber was sie zeigt, erschöpft sich nicht im Schein. Der wiederholte Vergleich mit der Lampe, deren allzu grelles Licht zu dämpfen ist, ist hierfür bezeichnend.

Plutarch zitiert in seiner Abhandlung zahlreiche Anekdoten und Aussprüche, die durch den Text hindurch ein ganzes Netz aus Stimmen knüpfen, welches die Begriffe des Masses und des *kairós* verdeutlicht. Die homerischen Gedichte – vor allem die Ilias – und die Tragödien sind für ihn Erzadern voller Beispiele, die zeigen, wie und wann man sprechen soll: Die Worte dieses oder jenes Helden werden zu nachahmenswerten Rhetorikmodellen. Die Anekdoten haben ihr Zentrum oft in einem Apophthegma: einem bemerkenswerten Ausspruch oder einer angemessenen Antwort, die aufgrund ihres exemplarischen Wertes festgehalten zu werden verdienen. Es ist nicht erstaunlich, dass alle diese Beispiele die Kunst des Wortes illustrieren. Denn das ist der Bereich, in dem sich Schmeichler und Freund hauptsächlich zeigen: nicht nur in ihrem Einsatz der Freimütigkeit, sondern auch in ihrer Art und Weise, Ratschläge zu geben, Vertraulichkeiten auszutauschen, einander Verspechen zu geben, ja sogar zu scherzen. Die Schmeichelei ist zuerst ein Verbalfaktum: *Der Schmeichler hängt sich an die Ohren.* Weiss man die Regeln seiner Rede wahrzunehmen, wird man sich besser wehren können. Im Gebrauch des Wortes erreicht die Perversität der Schmeichler ihren Gipfel: Um zu ihren Zielen zu gelangen, gehen sie so weit, den Sinn der Worte umzudrehen: *Denn eben dadurch, dass sie die Laster mit den Namen der Tugenden belegen, verkehren sie ganz den Charakter und die natürliche Anlage des Menschen (...) Eben darauf muss man auch bey der Schmeicheley aufmerksam seyn. Sie nennen die Lüderlichkeit eine ungezwungene Lebensart.* Denn die Technik des Schmeichlers ist eine Überre-

dungstechnik, also eine Rhetorik im vollen Sinn des
Wortes. Deswegen muss sich das Wort des Freundes
seinerseits einer Rhetorik unterwerfen, wenn es
ebenso wirksam werden will.

Rhetorik der Freundschaft, Rhetorik des Traktates

Die Regeln, die das Wort des Freundes leiten sollen,
werden von Plutarch in seiner eigenen Erörterung ein-
gesetzt und vorgeführt. Es handelt sich nämlich um
ein Moraltraktat, um eine Schrift, die praktische Ratschläge erteilt und auf Nützlichkeit zielt. Trotzdem ist
die Schrift keineswegs streng, nüchtern, ausschliesslich
zweckgerichtet. Wie er es dem Freunde anempfiehlt,
mischt auch Plutarch in seinem Text Lob und Tadel,
um seine moralischen Empfehlungen aufzulockern:
Wenn er diejenigen tadelt, die sich unvorsichtiger-
weise mit Schmeichlern umgeben, so betont er zugleich, dass es sich dabei um eine charakteristische
Neigung der vornehmsten Geister handelt. Wenn er
von der Freimütigkeit sagt, dass sie auch *Witz und Artigkeit erfordert, wenn nur das Gefällige sich nicht vom
Ernste trennt,* so verleihen seine zahlreichen Anekdoten
und Zitate der Abhandlung lebhafte Abwechslung,
machen ihre Lektüre angenehm, manchmal unterhalt-
sam. Plutarch erzeugt damit einen Effekt von *varietas,*
gemäss einem Grundsatz der antiken Rhetorik. In den
Passagen, in denen er uns den Schmeichler schildert,
stellt er ihn uns tatsächlich *vor die Augen: prò hommátōn*
– um einen Ausdruck der aristotelischen Rhetorik zu
gebrauchen; desgleichen macht er seinen Text lebhaft,
indem er das Wort den Personen erteilt, von denen er

spricht, und die direkte Rede manchmal bruchlos in die Darlegung einfliessen lässt. Diese Stichworte bestehen oft aus einem berühmten Vers oder einem Apophthegma, die im rechten Moment zitiert werden, um eine ganze Situation formelhaft und packend zusammenzufassen: ein Verfahren, das der Rhetorik der Konzision entspricht. Auch Plutarchs Neigung zu den Anekdoten und überhaupt zu den Apophthegmen entspricht der Rhetorik. Es geht um die Verbindung zwischen dem Nützlichen und dem Angenehmen: Man gibt dem Text Anmut und liefert zugleich erhellende Beispiele. Das erinnert uns daran, dass wir den Verfasser der *Parallelen Leben* lesen: jener Biographien, die gerade auf berühmten Taten und Worten aufgebaut sind, auf besonderen und zugleich exemplarischen Haltungen.

Die Anekdote befördert eine ethische Lektion; sie führt einen Verhaltenstyp als Beispiel vor. Sie charakterisiert sich durch eine Bedeutungsdichte, wie sie der Maler in einem Bild realisiert. Ihre Wirksamkeit gleicht derjenigen des visuellen Bildes: Voll und geschlossen, fasst sie die ganze in Betracht stehende Situation zusammen und genügt sich selbst. Die Taten oder Worte, die berichtet werden, werden zwar aus dem Fluss der Geschichte und des Lebens herausgegriffen, erhalten aber einen symbolischen Wert und erstarren ein für alle Mal in einer Art Augenblicklichkeit und Abstraktheit. Die Anekdote vergegenwärtigt eine Vergangenheit, die nunmehr als zeitlos wahrgenommen wird. Ebenso durch ihren Inhalt – sie berichtet häufig bewundernswert konzise und treffende Aussprüche – wie durch ihre passende Einfügung in den Gedankengang des Textes illustriert die Anekdote die Fähigkeit zur Ergreifung des *kairós*. Sie gehört zu den notorischen und meisterhaft gehandhabten Instrumenten einer hoch entwickelten und systematisierten Kunst des Diskurses.

Die Anekdoten unseres Traktates präsentieren grosse Männer der griechischen Vergangenheit, vor allem alte Weise und Philosophen, Könige, Tyrannen und andere Machthaber. Einer jüngeren Vergangenheit entstammen die römischen Kaiser mit ihrer Umgebung (es sind praktisch die einzigen Römer, die erwähnt werden!). Man findet auch eine sehr persönliche Schulerinnerung, die den Lehrer Plutarchs, den Platoniker Ammonios, hervorhebt, sowie den jungen Plutarch mit seinen Mitschülern. Neben den anderen Anekdoten, die berühmte Persönlichkeiten der Geschichte der antiken Philosophie vergegenwärtigen, wirkt diese Anekdote – ein allzu üppiges Mahl, ein Schülerstreich! – ein bisschen lächerlich. Ebenso lächerlich erscheint uns – und vielleicht sogar Plutarch – die Annäherung zwischen der Gestalt des Antiochos Philopappos und jenen Protagonisten der Geschichte, die Plutarch dem Empfänger seiner Schrift ans Herz legt.

Aber wir sehen aus der Distanz der Nachträglichkeit: Die Ironie des Schicksals hat es gewollt, dass wir die historische Bedeutungslosigkeit des Loses von Antiochos Philopappos aus einer kurzen Bemerkung des Pausanias ermessen können, die bald nach dem Tod des seleukidischen Fürsten und romanisierten, in Athen ansässigen Würdenträgers gefallen ist: In seiner Beschreibung des Athener Musenhügels erwähnt Pausanias nebenbei, dass sich da ein Grabmal erhebt: «Das Grab eines Syrers», sagt er, ohne ihn zu nennen! Im übrigen scheint auch für Plutarch die Widmung nicht entscheidend gewesen zu sein für die Gesamtkonzeption seiner Abhandlung. Die allgemeine moralische Reflexion verweist schliesslich die politische Perspektive, die aus der Widmung hervorzugehen schien, in den zweiten Rang.

Allerdings ist diese politische Perspektive von den neuzeitlichen Bewunderern der Abhandlung immer wieder gesehen und aufgegriffen worden, besonders in kritischen historischen Umständen, in denen die Widmung eines solchen Traktates an einen Fürsten erhebliche Wirkungen zeigen konnte: So hat Erasmus, der 1514 eine lateinische Übersetzung anfertigte, sie Heinrich VIII. gewidmet; 1520 übersetzte Spalatin das Traktat aus dem Latein des Erasmus ins Deutsche: für Friedrich von Sachsen, den Schutzherrn Luthers; Antoine du Saix, der Verfasser der zweiten französischen Übersetzung, versah diese mit einem an François I gerichteten Prolog. Übrigens ist dieses Traktat, von dem Erasmus sagt, es sei sein Lieblingswerk, seit dem 16. Jahrhundert – und bereits in handschriftlichen Übersetzungen des italienischen Quattrocento – von der Gesamtheit der *Moralia* oft getrennt worden, und die separaten Übersetzungen des Traktates gehören zu den frühesten Plutarch-Übersetzungen in den Hauptsprachen des europäischen Humanismus.

Die politische oder moralische Zielsetzung einer Abhandlung über die Schmeichelei wiederzubeleben wäre heute unzeitgemäss. Daher diese unsere abweichende Lektüre, die hauptsächlich auf den Gang des Denkens und auf die Rhetorik des Textes achtet. Wie Plutarch Euripides folgend sagt, *erscheinen die göttlichen Dinge unter vielen Gestalten...*

Genf, im Herbst 1985   Alessandra Lukinovich
                                        Madeleine Rousset

Plutarchs

moralische

Abhandlungen.

Aus dem Griechischen übersezt

von

Joh. Friedr. Sal. Kaltwasser,

Professor der Herzoglichen Landschule
in Gotha.

Frankfurt am Main 1783.
bey Johann Christian Hermann.

PLUTARCH

Abhandlung,
wie man einen Freund vom Schmeichler
unterscheiden soll

*W*ER *seine heftige Eigenliebe, mein Antiochus Philopap-*
pus, offenherzig gesteht, erlangt wohl, wie Plato sagt, deswe-
gen von jederman Vergebung; allein diese Eigenliebe hat gar
viele nachtheilige Folgen, unter welchen die wichtigste ist,
daß man in keinem Falle ein gerechter und unpartheyischer
Richter seiner selbst seyn kann. Die Liebe ist für den gelieb-
ten Gegenstand blind [1], *wenn man sich nicht sorgfältig ge-*
wöhnt hat, das Gute demjenigen vorzuziehen, was mit uns
in Verwandtschaft steht, und jenem eifriger nachzustreben.
Dadurch bekommt der Schmeichler vor dem Freunde ein ge-
räumiges Feld; er hat eine feste Schanze gegen uns an unsrer
Eigenliebe, wegen welcher schon ein jeder sich selbst der erste
und größte Schmeichler ist, und um desto leichter einem an-
dern den Zutritt verstattet, von dem er glaubt und wünscht,
daß er an ihm einen Zeugen finden werde, der alle seine
Handlungen gut heißt. Denn wer den Vorwurf verdient, daß
er die Schmeichler hege, besitzt gewiß auch eine große Eigen-
liebe, und aus Gewogenheit gegen sich selbst wünscht er nicht
allein, sondern glaubt auch, alle Vorzüge zu besitzen. Der
Wunsch ist nun freylich so ungereimt nicht, aber der Wahn
ist gefährlich und erfordert große Behutsamkeit.

[1] Siehe Anmerkungen am Ende des Plutarch-Textes.

Wenn die Wahrheit, wie Plato sagt, etwas göttliches, und bey Göttern sowohl, als bey Menschen der Anfang alles Guten ist [2], so ist gewiß der Schmeichler ein Feind der Götter und vorzüglich des pythischen Apollo. Denn er ist immer jenem Spruche: Lerne dich selbst kennen* entgegen, da er einen jeden zum Selbstbetrug, zur Verkennung seiner selbst, und seiner Vorzüge und Mängel verleitet, und jene unvollkommen und mangelhaft, diese aber unheilbar macht.

Wenn der Schmeichler sich, wie andre Übel, nur allein, oder vorzüglich an schlechte und nichtswürdige Menschen machte, so wäre das Unglück eben nicht groß noch schwer zu vermeiden; so aber findet er am ersten bey Menschen von einem ehrbegierigen, rechtschaffenen und sanften Charakter Eingang und Unterhalt, so wie die Holzwürmer das zarte und süße Holz zuerst angreifen. Simonides [3] sagt, die Wartung der Pferde gehöre nicht für die Ölflasche**, sondern nur für die Weizen tragende Fluren; eben so sehen wir auch, daß die Schmeicheley nicht armen, geringen und schwachen Leuten nachfolgt, sondern nur großen und mächtigen Familien zum Falle und Untergange gereicht und oft Königreiche und Staaten umkehrt. Die Betrachtung der Schmeicheley ist also ein sehr wichtiges Geschäfte, wobey man viele Vorsicht anwenden muß, damit sie in ihrer wahren Gestalt dargestellt werde und dann weder Schaden anrichte, noch die Freundschaft in Verdacht bringe.

* Dieser Spruch soll von dem pythischen Apollo herrühren und an den Thüren dessen Tempels angeschrieben gewesen seyn.
** Diejenige nemlich, deren man sich beym Baden bediente, λήκυ-θος. Der Sinn dieser Worte ist: Die Wartung der Pferde gehört nicht für zärtliche und galante Leute, sondern nur für die Freunde des Akkerbaues.

Die Läuse weichen von den Todten, und verlassen den Körper, sobald das Blut vertrocknet ist, von dem sie sich zu nähren pflegen. Die Schmeichler sieht man nicht einmal sich einer dürftigen und bedrängten Familie nähern; nur Ruhm und Macht ist es, wo sie sich einnisteln und nähren, aber gleich bey der ersten Veränderung sich wieder davon machen. Allein man lasse es ja nicht bis auf diese Probe ankommen, die zu nichts nützet, vielmehr schädlich und gefährlich ist. Denn es ist schlimm, erst dann zu merken, daß man keine Freunde habe, wenn man wirklich Freunde nöthig hat, und es nicht mehr Zeit ist, falsche und unächte Freunde mit treuen und standhaften zu vertauschen. Einen Freund muß man wie eine Münze schon geprüft haben, ehe man ihn braucht, nicht aber erst im Nothfalle kennen lernen. Es ist gut, nicht erst durch Schaden hierinnen klug zu werden, sondern um keinen Schaden zu leiden, den Schmeichler durch eine genaue Prüfung zu entdecken. Denn sonst geht es uns eben so, wie denjenigen, die erst durch das Kosten inne werden, was tödtliches Gift sey, und über der Untersuchung selbst ihr Leben einbüßen.

Eben so wenig bin ich mit denen zufrieden, die in der Freundschaft blos den Wohlstand und Nutzen zum Maaßstab machen, und wenn jemand mit ihnen freundlich umgeht, gleich glauben, daß sie einen Schmeichler ertappt haben. Der wahre Freund ist nicht unangenehm noch ungesellig und die Würde der Freundschaft beruht nicht auf einem groben und unfreundlichen Betragen, sondern selbst das Anständige und Ernsthafte an ihr ist angenehm und liebenswürdig.

Die Grazien wohnen bey ihr und die Liebe[4].

Es ist nicht allein, wie Euripides sagt, dem Unglücklichen süß, einem Freunde in die Augen zu sehen[5], *sondern die*

Freundschaft bringt im Glücke eben sowohl Freude und Ver-
gnügen, als sie im Unglück den Kummer und die Betrübniß
stillt. Evenus [6] *sagt, unter allen Gewürzen sey das Feuer das*
beste; eben so hat auch Gott durch die Verbindung der
Freundschaft mit dem menschlichen Leben alles frölich, süß
und angenehm gemacht, da sie überall zugegen ist, und an
jedem Genuß mit Theil nimmt. Es läßt sich sonst gar nicht
erklären, warum der Schmeichler sich eben hinter dem Ver-
gnügen versteckt, wenn er einsieht, daß die Freundschaft gar
nichts Angenehmes verstattet. Allein gleichwie Gefäße von
unächten Metallen nur den äußerlichen Glanz des Goldes
nachahmen: eben so gleicht auch der Schmeichler dem
Freunde nur in Ansehung des Angenehmen und Gefälligen;
er ist immer heiter und aufgeräumt, und pflegt nie zu wider-
sprechen oder sich zu widersetzen. Aus dieser Ursache darf
man diejenigen, die uns loben, nicht geradezu als Schmeich-
ler in Verdacht haben. Die Freundschaft verträgt zur rechten
Zeit das Lob so gut, wie den Tadel. Vielmehr schickt sich der
Eigensinn und die Tadelsucht gar nicht zur Freundschaft und
zum Umgange. Wenn ein wahrer Freund uns wegen einer
guten Handlung gern und ungezwungen lobt, so werden wir
auch nicht leicht bey dessen Verweisen und Freymüthigkeit
unwillig werden, weil uns der Gedanke beruhiget, daß der,
welcher uns so ungezwungen lobte, uns nicht anders als ge-
zwungen tadeln könne.

So ist es denn, möchte jemand sagen, sehr schwer, den
Schmeichler vom Freunde zu unterscheiden, wenn weder die
Annehmlichkeit noch das Lob zwischen ihnen einen Unter-
schied macht. Es giebt ja tausend Fälle, wo die Schmeicheley
in der Dienstfertigkeit und Gefälligkeit vor der Freundschaft
den Vorzug gewinnt. Es ist freylich schwer, antworte ich,

28

wenn man den wahren Schmeichler, der sein Handwerk mit aller Kunst und Geschicklichkeit treibt, aufsucht, und nicht blos, wie gemeiniglich geschieht, jene niederträchtigen Teller-lecker, die, sobald ihnen das Wasser auf die Hände* gegossen worden, sich hören lassen (wie ein gewisser Schriftsteller sagt) und deren abscheuliche und mit den ärgsten Zoten verbun-dene Unverschämtheit gleich bey der ersten Schüßel, und beym ersten Becher sichtbar wird, für Schmeichler halten will. So darf man gewiß nicht jenen Melanthius, einen Schmarotzer des Alexanders[7] des Tyrannen zu Pherä**, zum Schmeichler machen, der auf die Frage, wie Alexander ermordet worden? zur Antwort gab: Durch die Seite bis in meinen Bauch. Auch diejenigen nicht, die um die Tische der Reichen herumgehen, und sich weder durch Feuer, noch durch Eisen und Stahl von der Mahlzeit abhalten lassen[8]. Eben so wenig auch jene cyprischen Schmeichlerinnen, die als sie nach Syrien hinüber gegangen waren, Leitere genannt wurden, weil sie sich niederbückten und die Gemahlinnen ihrer Gönner von ihrem Rücken auf den Wagen steigen liessen.

Vor wem muß man sich denn nun in Acht nehmen? Vor demjenigen, der weder das Ansehen eines Schmeichlers hat, noch sich dafür ausgiebt; den man weder in der Küche an-trift, noch den Schatten messen sieht[9], wie lange es noch bis zum Essen sey; der nicht in der Trunkenheit sich hinwirft, wo er hinkommt, sondern mehrentheils nüchtern bleibt, äus-serst vorwitzig ist, sich in alle Dinge mischt, und alle Ge-

---

* Ehe man sich zu Tische setzte.

** Eine Stadt in Thessalien, bekannt wegen des Admets und der Alceste.

heimniße wissen will; kurz vor dem, der die tragische, nicht aber die satyrische oder komische Rolle der Freundschaft spielt.

So wie Plato sagt, «daß das die äußerste Ungerechtigkeit sey, wenn man gerecht scheint, und es doch nicht ist» [10]; eben so muß man diejenige Schmeicheley für die schädlichste halten, die verdeckt, nie öffentlich zu Werke geht, nicht scherzend sondern ernsthaft ist. Diese erweckt den größten Verdacht selbst gegen die wahre Freundschaft, die gar oft mit ihr zusammentrift, wenn wir uns nicht wohl vorsehen.

Gobryas, der mit dem Magier* in ein finsteres Zimmer eingedrungen war, und ihn mit seinen Armen fest umschlungen hatte, befahlt dem dabeystehenden Darius, der nicht wußte, was er thun sollte, zuzustossen, wenn er auch gleich sie beyde durchbohrte. Wir aber müssen, wenn uns jenes Sprüchwort: «Der Freund mag mit dem Feinde sterben» [11], nicht behagt, den Schmeichler, der durch so viele Ähnlichkeiten mit dem Freunde verwickelt ist, sorgfältig abzusondern suchen, und uns wohl in Acht nehmen, daß wir weder das Nützliche zugleich mit dem Schädlichen verbannen, noch, um das Nützliche zu schonen, in das Schädliche verfallen.

Der Weizen kann von dem ihm beygemischten Unkrautssaamen, der mit ihm von gleicher Gestalt und Größe ist, nur mit der größten Beschwerlichkeit gesichtet werden, weil derselbe, wenn die Löcher des Siebes zu enge sind, nicht durchfällt, oder wenn sie zu weit sind, auch der Weizen mit durchgeht. Eben so kostet es auch, wo ich nicht irre, viele Mühe, die Schmeicheley von der Freundschaft abzusondern,

---

* Der in der persischen Geschichte unter dem Namen Pseudosmerdis bekannt ist. Die Geschichte erzählt Herodot B. 3, K. 78.

da sie dieser in Ansehung aller Leidenschaften, Bewegungen, Vortheile und Gewohnheiten so sehr nahe kommt. Weil die Freundschaft auf der Welt das Angenehmste ist, und dem Menschen das größte Vergnügen gewährt, so versteckt sich der Schmeichler hinter dem Vergnügen und giebt sich alle Mühe, angenehm zu seyn. Weil die Gefälligkeit und der Nutzen, der Freundschaft zur Seiten geht (weswegen man auch zu sagen pflegt, daß ein Freund nothwendiger sey, als Feuer und Wasser), so drängt der Schmeichler bey allen Gelegenheiten seine Dienste auf, und beeifert sich, immer zuvorkommend, unverdrossen und bereitwillig zu seyn. Der Schmeichler sieht ein, daß die Ähnlichkeit des Charakters und der Lebensart das erste und vorzüglichste Band der Freundschaft ist, und die Menschen überhaupt durch die Übereinstimmung ihrer Neigungen, da einerley Dinge ihnen zum Vergnügen oder zum Abscheu gereichen, am ersten mit einander vereiniget werden. Aus dieser Ursache formt und bildet er sich, wie ein Stück Holz, so lange, bis er sich völlig zu demjenigen schickt, gegen welchen die Nachahmung gerichtet ist; er ist so weich und bildsam, daß er mit leichter Mühe alle Gestalten annimmt, und man füglich zu ihm sagen kann: Du bist nicht Achills Sohn, du bist Achill selbst [12].

Aber der feinste Kunstgriff ist dieser. Da der Schmeichler weiß, daß die Freymüthigkeit für die der Freundschaft so eigene Stimme gehalten wird, so wie ein jedes Thier seine eigene Stimme hat, und es auch wirklich ist, und daß ein schüchternes und zurückhaltendes Wesen sich für einen wahren und edeln Freund durchaus nicht schickt, so unterläßt er nicht, auch diese nachzuahmen, und wie geschickte Köche die bittern Säfte und scharfen Gewürze brauchen, um dem Süßen das Eckelhafte zu benehmen, eben so machen auch die

Schmeichler Gebrauch von der Freymüthigkeit, aber nicht von jener ächten und nützlichen, sondern von derjenigen, die den andern kitzelt, und ihm unter einer gerunzelten Stirne zulächelt.

Dieserwegen hält es nun sehr schwer, den Schmeichler zu entdecken, so wie jene Thiere, die immer ihre Farbe verändern, und sich den Dingen und Örtern, an denen sie hangen, ähnlich machen. Allein da er sich, um andere zu betrügen, unter der Gleichheit verbirgt, so ist es nun unsere Pflicht, ihn durch den Unterschied aufzudecken und zu entblößen, indem er, wie Plato sagt, aus Mangel einer eigenen Farbe und Gestalt, sich mit fremden schmückt[13]. Der Anfang der Freundschaft soll auch der Anfang unserer Untersuchung seyn.

Wir sagten vorhin, daß bey den mehresten die Freundschaft durch die Gleichheit des Charakters und der Neigungen entstehe, wenn sie ohne Zwang einerley Sitten und Gewohnheiten lieben und an eben der Lebensart, eben den Handlungen und Geschäften ihren Gefallen finden. Ein gewisser Dichter drückt sich darüber also aus:

Dem Greiß gefällt nichts, als des Greises Rede wohl.
Zum Kinde schickt sich nur das Kind, zum Weibe nur
Das Weib; dem Kranken ist der Kranke froher Trost,
Und so dem Armen, der in gleichem Unglück schwebt[14].

Der Schmeichler nun, welcher weiß, daß es dem Menschen angebohren ist, nur den Umgang derer zu suchen, die ihm gleich sind, und daran seinen Gefallen zu finden, sucht zuerst von dieser Seite sich einem jeden zu nähern. Er baut sich gleichsam neben ihm eine Hütte, aus der er auf ihn, wie auf ein Wild lauert. Er gewöhnt sich nach und nach an eben die Neigungen, Lebensarten und Geschäfte, und bildet sich

32

im äußerlichen ganz nach dem andern, bis dieser ihm endlich Gelegenheit an die Hand giebt, gegen ihn zahm wird und sich von ihm streicheln läßt. Nun tadelt er die Handlungen, Lebensarten und Menschen, wovon er merkt, daß sie jenem zuwider sind; er lobt das, was ihm gefällt, nicht mit Mäßigung, sondern mit der übertriebensten Entzückung und Bewunderung, und betheuert, daß seine Liebe oder sein Haß nicht eine Leidenschaft, sondern die kalte Überlegung zum Grunde habe.

Durch welchen Unterschied kann man nun den Schmeichler entdecken, und ihn überführen, daß er uns nicht gleich ist, es auch nie werden kann, sondern nur die Gleichheit affektirt? Man muß zuvörderst auf die Gleichheit seiner Grundsätze und deren Beständigkeit Acht haben, ob ihm immer das nemliche gefällt, ob er immer eben die Sache lobt, und seinen Lebenswandel nur nach einem einzigen Muster einrichtet, wie es dem wahren Liebhaber einer gleichgestimmten Freundschaft zukommt. Denn so verhält sich der Freund. Hingegen der Schmeichler, dessen Charakter keinen festen Grund hat, und der sich keine gewisse Lebensart wählt, sondern sich immer für und nach einem andern bildet, ist nicht einfach, nicht ein und eben derselbe; er ist vielmehr mannichfaltig und vielfarbig, und formt sich, gleich dem Wasser, das aus einem Gefäß in ein anders gegossen wird, allemal nach demjenigen, der ihn aufnimmt.

Der Affe wird, wie man sagt, dadurch gefangen, daß er die Bewegungen und das Tanzen der Menschen gerne nachmacht [15]. Aber der Schmeichler lockt selbst dadurch andere Menschen ins Netz, daß er ihnen nachäfft, obwohl nicht allen auf einerley Art, sondern so daß er mit dem Einen tanzt und singt, mit dem Andern ringt und kämpft. Findet er einen Liebhaber der Jagd, so begleitet er ihn, und ruft wohl gar mit der Phädra aus: «Bey den Göttern! das ist meine Freude, die Hunde gegen die gefleckten Hirsche anzuhetzen.»* Aber seine Absicht geht auf nichts weniger als auf das Wild; der Jäger selbst ist es, den er zu fangen und zu bestricken sucht. Hat er einen lehrbegierigen Jüngling, einen Freund der Wissenschaften erhascht, dann liegt er über den Büchern, läßt seinen Bart bis auf die Füsse wachsen, trägt einen abgeschabten Mantel, ist gegen alles gleichgültig, und führt nichts als Zahlen, gerade Winkel und Dreyecke im Munde. Fällt ihm dargegen ein reicher Müßiggänger, ein Freund des Trinkens, in die Hände,

> Jetzo entblößte sich von den Lumpen der weise Odysseus;**

nun wird gleich der alte Mantel weggeworfen, und der Bart, wie eine nichts eintragende Saat abgeschoren; nun gelten Becher und Trinkgeschirre wieder; er scherzt auf den Spaziergängen, und spottet über die Philosophie. So war in Syrakus, als Plato dahin gekommen und Dionysius [16] von einer unsinnigen Liebe zur Philosophie eingenommen war, der königliche Pallast wegen der vielen Liebhaber der Geometrie fast ganz mit Staube*** angefüllt. Sobald aber Plato in Ungnade fiel, und Dionysius, dem die Lust zur Philosophie wieder vergangen war, sich aufs neue dem Trunke, der Wollust, Schwelgerey und kindischen Possen ergab, so wurden auf

---

* Euripides im Hippolytus v. 218–219. Phädra war die Gemahlinn des Theseus, und Stiefmutter des Hippolytus.

** Homer in der Odyßee B. 22, v. 1.

*** Oder klarem Sande, in den die geometrischen Figuren gezeichnet wurden.

einmal alle, *wie jene von der Circe, umgeschaffen und fielen in Dummheit und Unwissenheit zurück.*

Dies wird auch durch das Betragen der bekanntesten Schmeichler und Günstlinge des Volks, unter welchen sich Alcibiades besonders auszeichnet, bestätiget. Dieser befliß sich in Athen feiner Scherze, hielt sich Pferde, und führte eine galante und prächtige Lebensart. In Lacedämon schor er sich kahl, gieng in einem abgetragenen Mantel und bediente sich kalter Bäder. In Thracien führte er Kriege und soff. Da er zum Tissaphernes kam, ergab er sich der Üppigkeit, Weichlichkeit und dem Großthun, und so suchte er sich immer einzuschmeicheln und beliebt zu machen, indem er sich allenthalben nach den Sitten und Gewohnheiten der Einwohner richtete. So verhielt sich weder Epaminondas noch Agesilaus [17]. *Ohnerachtet sie sowohl mit ganzen Staaten als einzelnen Menschen von sehr verschiedner Lebensart zu thun hatten, so behaupteten sie dennoch überall den ihnen angemessenen Charakter, in der Kleidung, im Essen, im Reden und überhaupt in ihrem ganzen Betragen. Auch Plato lebte in Syrakus nicht anders als in seiner Akademie, und gieng mit dem Dionysius eben so um, wie mit dem Dion.*

Nicht besser kann man die verschiednen Verwandlungen des, einem Polypen gleichenden, Schmeichlers entdecken, als wenn man sich selbst öfters zum Schein verändert; das, was man vorher tadelte, lobt, und die Dinge, Lebensarten und Reden, die uns zuvor zuwider waren, gleich hintendrein gut und schön findet. Man wird gewiß bald sehen, daß er keinen festen, keinen eigenthümlichen Charakter hat, und nicht aus einer ihm eigenen Leidenschaft liebt oder haßt, Vergnügen oder Mißvergnügen empfindet, sondern nur, wie ein Spiegel, die Bilder fremder Leidenschaften, Lebensarten und Bewegungen aufnimmt.

Der Schmeichler wird gleich, wenn man einen Freund tadelt, darzu sagen: «Endlich hast du doch den Menschen kennen lernen; mir hat er schon lange nicht gefallen wollen.» Lobt man ihn ein andermal wieder, so wird er sagen: «Warlich, das ist mir von Herzen lieb; ich danke dir im Namen dieses Mannes; ich werde dir nun um desto mehr trauen.» Wenn man vorgiebt, daß man seine Lebensart verändern, und etwa die Staatsverwaltung mit einem geschäftlosen Leben vertauschen wolle, so wird er das gleich billigen: «Schon längst hätten wir uns von den Unruhen und dem Neide loswinden sollen.» Wenn man sich hingegen stellt, als ob man sich aufs neue der Regierung des Staats unterziehen wolle, so wird er gleich zurufen: «Dieser Vorsatz ist deiner würdig. Die Unthätigkeit, so angenehm sie auch seyn mag, ist doch niedrig und ruhmlos.»

Einem solchen Menschen muß man nur gleich aus dem Homer antworten:

Anders erscheinst du mir jetzt, o Fremdling, als vormals – *

Ich brauche keinen Freund, der sich jedesmal mit mir verändert und mein Kopfnicken erwiedert, denn das thut mein Schatten weit besser: sondern einen solchen, der mit mir die Wahrheit aufsucht und mit mir prüft.

Dies ist die erste Art, den Schmeichler zu entdecken. Der zweyte Unterschied, auf den man bey der Ähnlichkeit, die er mit dem Freunde hat, Acht haben muß, ist folgender. Der

* Odyßee B. 16, v. 181.

*wahre Freund äfft nicht alles nach, er ist nicht voreilig, alles
zu loben, sondern nur das Beste.*

*Am Hasse nicht, nur an der Liebe nimmt er Theil, wie
Sophokles sagt.** Er steht uns nur bey, wenn wir etwas gutes
und anständiges vornehmen, nie aber, wenn wir fehlen, oder
unserer Pflicht vergessen, es müßte ihn denn ohne sein Ver-
schulden gleichsam ein giftiger Ausfluß unserer Augen durch
den beständigen Umgang mit eben den Lastern und Fehlern
angesteckt haben.*** So ahmte man sonst, wie erzählt wird,
aus Freundschaft den Höcker des Plato, und das Lispeln des
Aristoteles nach; und weil der König Alexander den Hals
krumm zu tragen und mit einer rauhen Stimme zu reden
pflegte, so thaten eben dies auch seine Freunde. Denn es trifft
sich nicht selten, daß man unvermerkt etwas von des andern
Denkungsart und Gewohnheiten an sich nimmt.*

*Dem Schmeichler hingegen geht es gerade so, wie dem
Chamäleon. Dieses kann alle Farben annehmen, nur die
weiße nicht, und der Schmeichler, dem es unmöglich ist, dem
Andern in lobenswürdigen Dingen gleich zu kommen, sucht
nur das Häßliche und Unanständige nachzuahmen. Gleichwie ein ungeschickter Maler, der wegen seiner Unwissenheit
die Schönheiten seines Originals nicht erreichen kann, nur
die Runzeln, Warzen und Narben desselben darstellt; eben
so wird auch der Schmeichler nur ein Nachahmer der Unmäßigkeit, des Aberglaubens, des Jachzorns, der Härte gegen
das Gesinde, und der Untreue gegen Verwandte und
Freunde. Er ist schon von Natur und für sich selbst zu allem
Bösen geneigt, und weil er es nun auch nachahmt, so glaubt*

---

* In der Antigone, v. 523.
** Man glaubte nemlich, daß Leute die böse Augen haben, den andern durch das bloße Ansehen anstecken könnten.

man, daß er es desto weniger tadeln werde. Denn diejenigen, die das Bessere suchen, hat man in Verdacht, daß sie die Fehler ihrer Freunde mißbilligen und darüber unwillig sind. Eben dies brachte auch den Dion beym Dionysius, den Samius[18] beym Philippus, und den Kleomenes[19] beym Ptolemäus in Verdacht und zuletzt ins Verderben. Der Schmeichler will zugleich angenehm und auch treu nicht allein scheinen, sondern auch wirklich seyn; er stellt sich also, als wenn er das Böse gar nicht sähe, ja von eben den Leidenschaften und Empfindungen geleitet würde. Daher kommt es, daß Schmeichler auch an denjenigen Dingen, die nicht von unserm Willen, sondern vom Zufall abhängen, Antheil nehmen wollen. Um den Kranken zu schmeicheln, stellen sie sich, als wenn sie mit eben der Krankheit behaftet wären, und nehmen im Umgange mit blödsichtigen oder schwerhörenden Personen ein blödes Gesicht und schweres Gehör an; so wie die Schmeichler des Dionysius, um eben so kurzsichtig zu seyn, wie dieser, immer an einander rennten, und über Tafel die Schüsseln umwarfen.

Es giebt auch einige, die sich die Leidenschaften noch besser zu Nutze machen, und noch weit tiefer eindringen, daß sie sogar in den geheimsten Umständen dem Andern gleich zu seyn vorgeben. Wenn sie merken, daß ihr Gönner eine unglückliche Ehe führt, oder ungerathene Kinder hat, oder mit seinem Gesinde unzufrieden ist, so beklagen sie sich, ohne ihrer selbst zu schonen, über ihre Kinder, über die Frau, über die Verwandten, oder das Gesinde, und erzählen ohne Scheu diese und jene geheimen Vergehungen. Die Gleichheit pflegt allemal eine sehr starke Sympathie zu erwecken. Wir offenbaren nun dem Schmeichler, gleich als wenn wir ein Unterpfand bekommen hätten, manche geheime Umstände, wir machen ihn zum Vertrauten und halten es für unsere Pflicht, ein eben so großes Zutrauen gegen ihn zu beweisen. Ich kenne einen, der sich von seiner Frau schied, weil sein Freund die seinige verstoßen hatte. Er wurde aber von der Frau seines Freundes verrathen, daß er sie noch immer besuchte und öfters zu ihr schickte. Der hatte also gewiß keine Kenntniß von einem Schmeichler, welcher glaubte, daß folgende Jamben sich besser auf einen Krebs, als auf einen Schmeichler passen:

Sein ganzer Leib ist Bauch, nach allen Seiten blickt
Sein Aug – Ein Wunderthier, das auf den Zähnen
kriecht [20].

Denn dies ist das wahrhafte Bild eines Schmarotzers und aller derer, die, wie Eupolis, nur beym Tiegel und unter dem Essen Freunde sind [21]. Doch davon wollen wir an einem schicklichern Orte reden.

Hieher gehört noch jener Kunstgriff, dessen sich der Schmeichler beym Nachahmen bedient: daß er nemlich, wenn er ja etwas Gutes an dem Freunde, dem er schmeichelt, nachahmt, diesem allemal mit der größten Behutsamkeit den Vorzug läßt. Unter wahren Freunden findet weder Neid noch Eifersucht statt. Sie mögen nun in den Vollkommenheiten einander gleich seyn, oder einer von dem andern übertroffen werden, so bleiben sie dabey immer ruhig und gelassen. Aber der Schmeichler vergißt nie, daß er nur die zwote Rolle zu spielen hat; er will nur ähnlich, nicht gleich seyn, und läßt sich also in allen Dingen, das Böse ausgenommen, gar gerne übertreffen. In diesem aber läßt er sich durchaus nicht den Vorzug nehmen. Ist jener bey übler Laune, so giebt er sich selbst für melancholisch aus; ist jener abergläubisch, so ist er gar ein Enthusiast; jener liebt, er raset; du lachtest unmäßig,

sagt er, aber ich bin gar vor Lachen gestorben. In löblichen
Dingen ist er gerade das Gegentheil. Ich laufe schnell, sagt
er, aber du fliegst; ich reite so ziemlich, allein was ist das in
Vergleichung mit einem Centauren; ich bin kein ungeschickter Dichter und mache eben nicht den schlechtesten Vers, aber
das Donnern kommt nicht mir zu, sondern dem Jupiter [22].
So bekennt der Schmeichler zu gleicher Zeit, durch die Nachahmung, daß die Wahl des Freundes lobenswürdig, und
durch die Überlassung des Sieges, daß seine Geschicklichkeit
unerreichbar sey. Dies sind nun die Dinge, wodurch, bey aller Ähnlichkeit, der Schmeichler vom Freunde kann unterschieden werden.

Das Vergnügen ist, wie ich schon oben bemerkte, beyden,
dem Schmeichler und dem Freunde, gemein. Der Rechtschaf-
fene findet an Freunden so viel Vergnügen, als der Laster-
hafte an Schmeichlern. Wir wollen also auch diesen Punkt
auseinander setzen, wobey es hauptsächlich darauf ankommt,
daß man bestimmt, worauf bey beyden das Vergnügen abzweckt. Man betrachte dies auf folgende Art. Die Salbe hat
einen gewissen Wohlgeruch; es hat ihn auch das Gegengift.
Aber der Unterschied zwischen beyden ist, daß jene blos zum
Vergnügen und zu weiter nichts da ist; dieses noch mit dem
Wohlgeruch die Kraft zu reinigen, zu erwärmen und zu
stärken verbindet. Die Maler mischen schöne und bunte Farben; es giebt auch manche Arzeneyen, die dem Ansehen nach
bunt sind und keine unangenehme Farbe haben. Worinnen
besteht nun aber der Unterschied? Jederman wird einsehen,
daß man ihn durch den Endzweck des Gebrauchs bestimmen
muß. Auf gleiche Weise haben auch die Vergnügungen der
Freunde das Angenehme, so wie eine äußerliche Farbe, nur
zum Guten und Nützlichen. Sie bedienen sich zuweilen un-

tereinander der Scherze, der Gastmahle, des Weins, ja wohl auch des Lachens und der Possen, als einer Würze ihrer wichtigen und ernsthaften Geschäfte. Darauf beziehen sich folgende Verse:

– – – – – Sie trinken und löschen
Ihren schmachtenden Durst, ergötzt durch mancherley
Rede.*

Imgleichen:

Oft besuchten wir dann als Nachbarn einer den andern,
Und nichts trennt' uns beyd' in unserer seligen Eintracht.**

Der Schmeichler hingegen macht nur dies zu seinem Geschäfte und Endzweck, daß er immer einen Scherz, eine
Handlung oder eine Rede zum Vergnügen des andern, wie
ein Koch die Speisen, zubereite und einmache. Kurz, der
eine glaubt, daß er alles thun müsse, um angenehm zu seyn;
der andere thut, was ihm zukommt, er ist oft angenehm und
unangenehm; dies ist zwar nicht sein Wille, aber wenn es
nützlich ist, so vermeidet er auch dieses nicht. Der Arzt legt,
wenn die Umstände es erfordern, Safran und Narden auf,
schreibt auch wohl ein angenehmes Bad, oder ein wohl-
schmeckendes Essen vor. Es giebt aber auch Fälle, wo er statt
dessen Biebergeil und widrigriechenden Poley eingiebt, oder
Nießwurz reibt, und zu trinken verordnet, ohne daß er die
Absicht hat, dort Vergnügen und hier Mißvergnügen zu erwecken, sondern vielmehr, dem Kranken auf beyden Wegen
nützlich zu seyn. Eben so pflegt der Freund uns zuweilen

* Iliade B. 11, v. 634, 635.
** Odyßee B. 4, v. 178, 179.

durch ein ermunterndes und freundliches Lob aufzuheitern und zum Guten anzuführen, wie etwa dieser:

Teukros, werther Telamonide, Führer der Völker,
Tref so ferner!*

Und:

O wie könnte doch ich des edlen Odysseus vergessen?**

Zuweilen aber, wenn eine Zurechtweisung nöthig ist, bedient er sich beißender Worte, und einer sorgsamen Freymüthigkeit:

Theurer Menelaos, du bist von Sinnen; enthalte
Dich der thörichten Wuth, obwohl dein Busen erregt
ist.***

Es giebt auch Fälle, wo er die Worte mit Handlungen verbindet. So verbot Menedemus**** dem Sohne seines Freundes Asklepiades, der sehr lüderlich und unordentlich war, sein Haus, würdigte ihn keiner Anrede, und brachte ihn dadurch wieder auf guten Weg. Arkesilaus verstieß den Battus, der in einer Komödie auf den Kleanthes einen Vers gemacht hatte, aus seiner Schule, nahm ihn aber wieder auf, da es demselben Leid that, und er den Kleanthes begütiget hatte.***** 23

* Iliade G. 8, v. 281.
** Odyßee G. 1, v. 65.
*** Iliade G. 7, v. 109 f.
**** Der Stifter der sogenannten Eretrischen Secte. Sein Leben beschreibt Diogenes Laertius B. 2, K. 18.
***** Vom Arkesilaus s. Diogenes Laert. B. 4, K. 6, vom Kleanthes, B. 7., K. 5.

Der Freund darf den andern nur in sofern kränken, als er dadurch Nutzen stiften kann, nie aber die Kränkung so weit gehen lassen, daß die Freundschaft gar zerrissen wird. Er muß sich beißender Reden, wie einer Arzeney bedienen, die dem, der sie braucht, die Gesundheit schenkt und erhält. Wie der Tonkünstler die Saiten bald nachläßt, bald wieder anzieht, so verhält sich auch der Freund in seinen Bemühungen, den andern zum Guten und Nützlichen anzuführen; er ist oft angenehm, allemal aber nützlich. Der Schmeichler hingegen leyert immer in einem Tone die süße und angenehme Melodie her; er kennt keine Widersetzung, kein empfindliches Wort, sondern richtet sich in allem nach dem Willen des andern und fällt in den angegebenen Ton ein.

Xenophon sagt vom Agesilaus*, daß er sich von denjenigen gerne loben lassen, von denen er auch getadelt werden konnte. Eben so muß man das Vergnügen und die Gefälligkeit nur dann für freundschaftlich halten, wenn es sich bey einer andern Gelegenheit in strengen Tadel und Widerspruch verwandeln kann. Einem Umgange, der aus lauter Vergnügen besteht, nichts unangenehmes und beißendes hat, darf man nie trauen, sondern immer an die Rede eines gewissen Lacedämoniers denken, der, als der König Charillus** gelobt wurde, sagte: «Wie kann der ein braver Mann seyn, der auch nicht einmal gegen die Bösen strenge ist.»

Die Hornisse setzt sich dem Stiere, und die Laus dem Hunde ans Ohr; aber der Schmeichler hängt sich durch sein Lob an die Ohren der Ehrbegierigen so fest an, daß er nur

---

* In der Rede auf den Agesilaus K. 11, § 5.
** In der Lebensbeschreibung des Lykurg K. 5, kommt diese Anekdote auch vor, wo der König, Charilaus genennt wird. Er war ein Neffe Lykurgs und hatte unter dessen Vormundschaft gestanden.

mit der äußersten Mühe wieder abgerissen werden kann. Man muß daher vorzüglich mit aller Vorsicht und Behutsamkeit zu beurtheilen wissen, ob das Lob der Sache oder dem Manne gilt. Der Sache gilt es, wenn der andere uns mehr in unserer Abwesenheit, als in unserer Gegenwart lobt; wenn er selbst das nemliche wünscht, und nicht nur uns, sondern alle andere in ähnlichen Dingen nachahmt, nicht bald dieses, bald jenes thut oder redet; hauptsächlich aber, wenn wir selbst überzeugt sind, daß die Handlung, wegen welcher wir gelobt werden, weder Reue noch Schande bringt, und wir nicht wünschen, lieber das Gegentheil gesagt oder gethan zu haben. Denn unser eigenes Urtheil, das gegen das ertheilte Lob zeuget, und es nicht annehmen will, ist von Leidenschaften frey, unverfälscht, und kann selbst vom Schmeichler nicht umgestoßen werden. Allein ich weiß nicht, wie es kommt, daß viele in Unglücksfällen keinen Trost annehmen wollen, und sich lieber an diejenigen halten, die mit ihnen weinen und klagen; wenn sie sich aber eines Fehlers oder Vergehens schuldig gemacht haben, einen jeden, der durch Tadel und Verweise in ihnen eine schmerzhafte Reue hervorbringt, als einen Feind und Ankläger ansehen; hingegen den, der sie lobt und ihre Handlungen herausstreicht, umarmen, und für ihren besten Freund und Wohlthäter halten.

Diejenigen nun, die das, was wir im Scherze oder im Ernste thun oder reden, gleich loben und mit ihrem Beyfall begleiten, sind nur allein für jetzt und vor der Hand schädlich; die aber, welche mit ihrem schmeichelnden Lobe bis in das Innere unserer Neigungen eindringen, machen es eben so, wie die Sklaven, die nicht von dem großen Getraidehaufen, sondern von dem Saamen stehlen. Denn eben dadurch, daß sie die Laster mit dem Namen der Tugenden belegen, verkehren sie ganz den Charakter und die natürliche Anlage des

Menschen, die gleichsam der Saame guter Handlungen, der Ursprung und die Quelle des Lebens ist.

Bey einem Aufruhr und im Kriege pflegt man wie Thukydides sagt*, die Wörter, um sich zu rechtfertigen, in einem ganz andern als dem gewöhnlichen Sinne zu nehmen. Unbesonnene Tollkühnheit heißt Tapferkeit und Treue gegen die Bundsgenossen; vorsichtiges Zaudern, verdeckte Furchtsamkeit; Mäßigung, ein Deckmantel der Feigheit; kluge Besonnenheit in allen Dingen, eine gänzliche Unthätigkeit. Eben darauf muß man auch bey der Schmeicheley aufmerksam seyn. Sie nennt die Lüderlichkeit, eine ungezwungene Lebensart; die Furchtsamkeit, Vorsicht; die unbesonnene Hitze, feurigen Muth; die Kargheit, Mäßigkeit; den Wollüstling, einen Menschenfreund und gesellschaftlichen Mann; den Jachzornigen und Übermüthigen, tapfer; den Niederträchtigen, leutselig. So sagt auch Plato irgendwo [24], daß jeder Liebhaber ein Schmeichler des geliebten Gegenstandes sey, daß er den mit einer eingedruckten Nase reizend, den mit der Habichtsnase königlich, den Schwärzlichen männlich, den Weissen einen Göttersohn nenne, und daß die Honigfarbe die rechte Leibfarbe des Liebhabers sey, der sich durch diesen liebkosenden Namen die bleiche Farbe erträglicher mache.

Der Häßliche, der sich überreden läßt, er sey schön, und der Kleine, er sey groß, wird doch wenigstens nicht lange von diesem Betruge hintergangen; der Schade, den er leidet, ist gering und nicht unheilbar. Aber das Lob, welches uns an die Laster unter dem Namen der Tugenden so gewöhnt, daß wir bey deren Ausübung keinen Kummer, sondern Freude empfinden, und welches macht, daß wir uns unserer Vergehun-

---

* «Der peloponnesische Krieg», B. 3, K. 82.

gen nicht schämen – dieses Lob, sage ich, hat die Sicilier ins Verderben gestürzt, da es die Grausamkeit des Dionysius[25] und Phalaris[26], Gerechtigkeit und Strenge gegen das Laster nannte. Dieses hat Ägypten zu Grunde gerichtet, da es die Weichlichkeit des Ptolemäus[27], dessen Begeisterung, Bacchantengeschrey und die Eingrabung der Lilien und Pauken* für Frömmigkeit und Gottesverehrung ausgab. Eben dies Lob verbannte fast alle Zucht und Ehrbarkeit aus Rom, da es die Üppigkeit, Ausschweifungen und öffentlichen Gastmahle des Antonius fröliche Lustbarkeiten nannte, und ihn als einen freygebigen und uneigennützigen Mann herausstrich. Was hat sonst dem Ptolemäus das Maulleder** und die Flöte gegeben? Was hat dem Nero die Schaubühne erbaut, und ihm die Larven und Kothurnen angelegt? War es nicht das Lob der Schmeichler? Wird nicht mancher König, wenn er nur trillert, zu seinem größten Vergnügen ein Apollo, wenn er sich berauscht, ein Bacchus, und wenn er mit einem andern ringt, ein Herkules genannt, und dann durch die Schmeicheley zu den schändlichsten Handlungen verleitet?

Aus dieser Ursache nun muß man dann am meisten gegen den Schmeichler auf seiner Huth seyn, wenn er uns Lob ertheilt. Der Schmeichler selbst weiß dieses sehr gut, und ist schlau genug, daß er allen Verdacht zu vermeiden sucht. Fällt ihm ein schön geputzter Herr, oder ein Landmann, in

---

* Vermuthlich in die Haut. Der sel. Reiske ist zweifelhaft, ob Ptolemäus Auletes oder Ptolemäus Philopator gemeynt ist.

** φορβειά, ein gewisses Leder, das die Flötenspieler um den Mund herum legten, um die Töne dadurch angenehm zu machen. Ptolemäus bekam von dieser Neigung zum Flötenspielen den Zunamen Auletes.

einem dicken Kittel in die Hände, so legt er allen Zwang ab, so wie Struthias sich über den Bias lustig machte, und seiner Unempfindlichkeit spottete, durch die Lobeserhebung: Du säufst troz dem Könige Alexander.* [28] Sieht er hingegen, daß ein Mann von mehrerer Einsicht ihn eben hierinnen am meisten beobachtet, und sich vor dieser Klippe in Acht nimmt, so bringt er sein Lob nicht geradezu an, sondern holt sehr weit aus, und geht in einem Kreiße auf ihn zu, gleich als wenn er ein Thier leise überschleichen und fangen wollte. Er erzählt nun, wie ein Redner, der andere Personen redend einführt, das Lob, das ihm von andern beygelegt wird. Ich habe, sagt er, da auf dem Markte eine angenehme Unterredung gehabt, mit einigen Fremden oder Alten, die dich sehr bewunderten und viel Gutes von dir rühmten. Ein andermal erdichtet er geringfügige Beschuldigungen gegen ihn, kommt dann, als wenn er sie bey andern gehört hätte, eilfertig gelaufen, und fragt, wie er dies habe sagen, wie er so habe handeln können. Wenn nun der andere, wie zu vermuthen ist, es läugnet, so hat er die beste Gelegenheit, den Mann mit Lobeserhebungen zu überschütten. Ich wunderte mich selbst, sagt er, daß du von deinem Freunde so übel reden solltest, da du es nicht einmal gegen deine Feinde zu thun pflegst – daß du dich an fremden Gütern vergreifen solltest, da du deine eigenen so freygebig verschenkst.

Es giebt noch andere, die, wie die Maler durch Auftragung des Schattens die lichten Stellen erhöhen, die Laster, die ihre Gönner wirklich an sich haben, dadurch unvermerkt lo-

---

* Eine sehr dunkle Stelle, zu deren Erklärung sich gar nichts sagen läßt. Die Worte: καὶ γέλωτι πρὸς τὸν Κύπριον ἐνηθούμενος, habe ich, weil sie ganz unverständlich sind, ausgelassen. Ohne Zweifel bezieht sich dieses auf eine Komödie, die verlohren gegangen.

ben und bestärken, daß sie das Gegentheil davon tadeln und lächerlich machen. Unter lüderlichen, habsüchtigen und nichtswürdigen Leuten, die durch Schandthaten reich geworden sind, verlästern sie den tugendhaften Lebenswandel als einen Mangel einer guten Lebensart; die Genügsamkeit und Gerechtigkeit, als einen Mangel an Muth und Kräften etwas zu unternehmen. Im Umgange mit Faullenzern und Müßiggängern, die den Mittelstand hassen, nennen sie ohne Scheu die Verwaltung des Staats eine mühsame Beschäftigung mit fremden Dingen; die Ehrbegierde, einen eitlen und fruchtlosen Ehrgeiz. Aus Schmeicheley gegen einen Redner ziehen sie den Philosophen durch[29]. Bey unzüchtigen Frauen setzen sie sich dadurch in Gunst, daß sie andere Frauen, die nur einen einzigen Mann lieben, Kreaturen ohne Reize und Lebensart nennen.

Allein die größte Boßheit der Schmeichler besteht darinnen, daß sie nicht einmal ihrer selbst schonen. So wie die Ringer sich selbst klein machen, um ihre Gegner darniederzuwerfen; eben so tadeln sich die Schmeichler selbst, um mit ihrer Bewunderung bey dem andern Eingang zu finden. Auf dem Meere, sagen sie, bin ich der elendste Kerl; bey schweren Arbeiten fehlt es mir immer an Kräften; wenn mich einer beschimpft, so möchte ich gleich vor Zorn rasend werden. Aber diesem ist gar nichts schwer, nichts fällt ihm zur Last; es ist gar ein besonderer Mann; alles trägt er mit Gelassenheit und ohne Murren.

Wenn einer vielen Verstand zu besitzen glaubt, immer ernsthaft und seinem Charakter treu seyn will, und, um geradeaus zu gehen, beständig die Worte im Munde führt:

Tydeide, rühme mich nicht, und tadle mich auch nicht. *

* Iliade G. 10, v. 249.

so greift ihn der schlaue Schmeichler nicht auf diese Art an,
sondern braucht ganz andere Kunstgriffe gegen ihn. Er geht
zu demselben, als einem Manne, der ihm an Einsicht weit
überlegen ist, und fragt ihn in seinen eigenen Angelegenhei-
ten um Rath. Ich habe noch mehrere Freunde, sagt er, aber
ich kann doch nicht umhin, dich zu behelligen. Denn zu
wem soll man sonst seine Zuflucht nehmen, wenn man guten
Rath nöthig hat? Wem soll man trauen? Er hört dann, was
jener angiebt, und sagt beym Weggehen, daß er keinen Rath,
sondern ein Orakel bekommen habe. Läßt der andere etwa
merken, daß er auch mit der Redekunst bekannt sey, so
bringt er ihm gleich einige Aufsätze, mit der Bitte, sie durch-
zusehen und zu verbessern. So ließen sich vom Könige Mi-
thridates [30]*, der ein großer Freund der Arzneykunst war,*
viele seiner Freunde schneiden und brennen, und schmeichel-
ten ihm also nicht blos mit Worten, sondern mit der That.
Denn dadurch, daß sie sich ihm anvertrauten, schienen sie
Zeugen von seiner Wissenschaft abzugeben.

Unter vielen Gestalten erschienen die göttlichen Dinge [31]*.*

Diese Art des versteckten Lobes erfordert viel schlaue Vor-
sicht, und kann nur dadurch entdeckt werden, wenn man mit
Fleiß einen abgeschmackten Rath ertheilt, oder lächerliche
Verbesserungen macht. Denn da er nie widerspricht, allem
Beyfall giebt, sich alles gefallen läßt, und immer ruft: Wie
schön! wie vortreflich! so wird man gleich entdecken, daß er
uns nur lobt, um uns stolz zu machen.

Er bittet uns um Rath, wenn er was anders sucht [32]*.*

Einige haben die Malerey eine stumme Dichtkunst genennt;
es giebt aber auch ein Lob einer stummen Schmeicheley.

Gleichwie die Jäger das Wild am leichtesten fangen, wenn sie gar nicht die Absicht zu haben scheinen, sondern spazieren gehn, Vieh hüten, oder auf dem Felde arbeiten; eben so findet der Schmeichler mit seinem Lobe dann am ersten Eingang, wenn er uns nicht zu loben, sondern ganz was anders zu thun scheint. Derjenige, der vor einem andern von seinem Sitze aufsteht, oder, sobald er merkt, daß ein Reicher reden will, mitten in seiner Rede an das Volk oder an den Rath aufhört, und jenem die Rednerbühne überläßt, zeigt durch sein Stillschweigen weit besser, als wenn er noch so laut schriee, daß er denselben für besser hält, und ihm weit mehrere Einsicht zutraut. Daher sieht man auch, daß die Schmeichler immer die ersten Stellen in den Hörsälen und Schauplätzen einnehmen, nicht etwa deswegen, weil sie derselben würdig zu seyn glauben, sondern damit sie vor den Reichen aufstehen, und ihnen damit schmeicheln können; imgleichen, daß sie in Gesellschaften und Zusammenkünften immer zuerst zu reden anfangen; dann aber, sobald ein reicher, mächtiger oder angesehener Mann das Wort nimmt, gleich abtreten, und der entgegengesetzten Meynung beypflichten. Deswegen kann man auch gar leicht dergleichen Zurücktretung und übertriebene Höflichkeit der Schmeichler entdecken, weil sie nur dem Reichthume und Ansehen, nie aber der größeren Erfahrung, der Tugend oder dem Alter erwiesen wird.

Megabyzus* ³³ besuchte einst den Apelles; da er nun von dem Umriß und dem Schatten allerhand reden wollte, so sagte Apelles zu ihm: «Siehst du die Knaben, die dort Farbe

---

* Der Name Megabyzus bezeichnet die Würde des Oberpriesters der Diana zu Ephesus.

reiben [34]? *Diese staunten dich an, so lange du schwiegst, nun aber lachen sie dich aus, da du von Dingen reden willst, die du nicht gelernt hast.» Und Solon, der vom Krösus gefragt wurde, wer der glücklichste sey, sagte ihm gerade heraus, daß Tellus, ein gemeiner Athener, Bias und Kleobis glücklicher gewesen, als er.* Die Schmeichler hingegen nennen die Könige, die Reichen und Vornehmen nicht allein glückselig, sondern versichern auch, daß sie alle andere Menschen an Klugheit, Geschicklichkeit und allen Tugenden übertreffen.*

Einige können es von den Stoikern gar nicht vertragen, daß sie den Weisen zugleich reich, schön, vornehm und einen König nennen. Aber die Schmeichler nennen den Reichen auf einmal einen Redner und Dichter, und wenn er es verlangt, auch einen Maler und Flötenspieler. Sie erklären ihn für stark und schnellfüßig, wenn sie beym Ringen sich von ihm niederwerfen lassen und beym Wettlauf zurückbleiben, wie Krisson der Himeräer** den Alexander im Laufen vor sich hinkommen ließ, aber da es dieser merkte, in Ungnade fiel. Die Kinder der Könige und Reichen lernen, wie Karneades [35] sagt, sonst nichts vollkommen, als das Reiten. In der Schule schmeichelt ihnen der Lehrer mit seinem Lobe, und der mit ihnen ringt, läßt sich gleich zur Erde werfen; das Pferd aber, das keinen Unterschied kennt zwischen einem Privatmanne und einem Fürsten, zwischen einem Armen und einem Reichen, wirft einen jeden ab, der nicht reiten kann.

Bion [36] *handelte allerdings einfältig und abgeschmackt, da er sein Feld durch Lobreden fruchtbar und einträglich machen*

---

* S. Herodotus B. 1, K. 30.
** Aus Himera, einer Stadt in Sicilien.

wollte, und keinen Fehler zu begehen glaubte, wenn er dafür das Graben und die übrige Bearbeitung unterließ. Der Mensch handelt nun zwar nicht lächerlich, der den andern lobt, in so ferne das ertheilte Lob nützlich ist und frommt; allein auf der andern Seite findet sich gerade das Gegentheil. Denn der Acker wird doch wenigstens durch das Lob nicht schlechter; aber den Menschen macht ein falsches und unverdientes Lob stolz und richtet ihn zu Grunde. Doch hiervon genug.

Ich komme nunmehr auf die Freymüthigkeit. So wie Patroklus alle Waffen des Achilles anlegte, auch mit dessen Pferden in die Schlacht fuhr, aber den, auf den Pelion gewachsenen, Spieß nicht anzurühren wagte, sondern ihn zurückließ*; eben so sollte der Schmeichler, der sich mit allen Merkmahlen und Kennzeichen des Freundes ausschmückt und behängt, nur allein die Freymüthigkeit, als das vorzüglichste Gewehr der Freundschaft, schwer und groß und mächtig, unangetastet und unnachgeahmt lassen. Allein da der Schmeichler äußerst vorsichtig ist, sich beym Lachen, Trinken, Scherzen und Spielen zu verrathen, alles ernsthaft behandelt, mit finstrer Miene schmeichelt, und mitunter Tadel und Erinnerungen anbringt, so wollen wir auch diesem Punkte einige Betrachtung widmen.

In einer gewissen Komödie Menanders tritt ein falscher Herkules [37] auf, mit einer Keule in der Hand, die nicht stark und schwer, sondern durch und durch hohl ist. Wer die Probe machen will, wird finden, daß die Freymüthigkeit des Schmeichlers eben so weich und leicht ist, und gar keine

---

* S. den 16ten Gesang der Iliade, v. 140 u. ff.

Spannung hat, wie die Hauptkissen der Frauenzimmer, die zwar dem Haupte zu widerstehen und dessen Schwere auszuhalten scheinen, aber desto mehr nachgeben und sich zusammensetzen. Diese unächte Freymüthigkeit ist von einem leeren und betrügrischen Schwulste aufgetrieben, damit sie im Zusammenfallen den, der auf sie fällt, aufnehmen und in sich hineinziehen kann. Aber die wahre und ächte Freymüthigkeit des Freundes beschäftiget sich nur mit wirklichen Fehlern; die Schmerzen, die sie verursacht, sind heilsam und wohlthätig; sie beißet und reiniget die Geschwüre, wie das Honig, und ist dabey eben so süß und nützlich. Doch dies verdient eine eigene Untersuchung.

Fürs erste beweiset sich der Schmeichler in seinem Betragen gegen andere strenge, auffahrend und unerbittlich. Er behandelt seine Sklaven mit der größten Härte, rügt die Fehler seiner Verwandten ohne alle Barmherzigkeit, und bewundert oder verehrt nie einen Fremden, sondern verachtet jederman. Dabey hält er keinem etwas zugute, reizt andere gerne durch seine Verläumdungen zum Zorne, und will durchaus für einen Mann angesehen seyn, der alles Böse haßt, damit man glaube, er gehe nie mit seinem Wissen von der Freymüthigkeit ab und suche Keinem zu Gefallen zu reden und zu handeln. Aber nun stellt er sich, als wenn er wirkliche und große Vergehungen gar nicht sehe oder merke, und macht sich nur über kleine und äußerliche Fehler her. Er tadelt es mit der größten Strenge, wenn er sieht, daß ein Geräthe an einem unrechten Orte liegt, daß einer eine schlechte Wohnung hat, im Bartscheeren und in der Kleidung nachläßig ist, oder den Hund und das Pferd nicht recht besorgt. Hingegen die Geringschätzung der Eltern, die Verwahrlosung der Kinder, die Verachtung der Gattin, der Übermuth gegen das Gesinde, die Verschwendung des Vermögens, alles dieses geht ihn nichts an; er ist dabey stumm und muthlos, und handelt gerade so wie ein Fechtmeister, der dem Kämpfer* alle Ausschweifungen im Trunke und in der Liebe verstattet, aber in Ansehung der Ölflasche und Striegel strenge ist; oder wie ein Schulmeister, der den Knaben wegen der Schreibtafel und des Griffels schlägt, aber die ärgsten Schnitzer nicht zu hören scheint. Der Schmeichler würde an dem Vortrage eines schlechten und lächerlichen Redners nichts aussetzen, sondern nur seine Stimme tadeln, und ihm Vorwürfe machen, daß er durch Wassertrinken seiner Kehle Schaden thue; oder, wenn er einen elenden Aufsatz durchlesen soll, sich über das grobe Papier beschweren, und den Schreiber einen kargen und nachläßigen Menschen nennen. So stritten die Schmeichler des Prolemäus, da er für einen Freund der Wissenschaften angesehen seyn wollte, mit ihm bis um Mitternacht über eine Glosse, einen Vers oder eine Geschichte; aber unter der ganzen Menge war keiner, der sich seiner Grausamkeit, seiner schändlichen Aufführung, seinem Paukenschlagen und der Bedrückung der Unterthanen widersetzte.

Überdies bringen auch die Schmeichler ihre Freymüthigkeit nicht an den schadhaften und schmerzenden Theilen an, sondern machen es eben so, als wenn man einem Menschen, der mit Knöten und Fisteln behaftet ist, mit dem chirurgischen Messer, anstatt dieser, die Haare und Nägel beschneiden wollte. Ja einige sind noch schlauer und bedienen sich sogar der Freymüthigkeit und des Tadels zum Vergnügen des andern. Als Alexander einstmals einem gewissen

---

* Die Kämpfer mußten eigentlich zur Erhaltung ihrer Stärke im Essen, Trinken und in der Liebe äußerst mäßig seyn.

54

Taschenspieler ansehnliche Geschenke gab, so konnte sich Agis, der Argeer[38], vor Zorn und Ärger nicht enthalten, laut zu rufen: «O über die Thorheit!» Der König wendete sich zornig um, und fragte ihn: «Was sagtest du?» «Ich kann nicht bergen», antwortete Agis, «daß es mir wehe thut, und mich unwillig macht, wenn ich sehe, daß ihr Söhne des Jupiters alle an Schmeichlern und Possenreißern Vergnügen findet. Denn so hatte Herkules an den Kerkopen[39], Bachus an den Silanen seine Freude, und bey dir stehen dergleichen Leute ebenfalls in Gunst.» Als der Kaiser Tiberius einst in den Rath kam, stand ein Schmeichler auf, und sagte: «Freye Leute müssen frey reden, und sich durch keine Furcht abhalten lassen, das herauszusagen, was sie für nützlich halten.» Dadurch machte er alle und den Tiberius selbst aufmerksam; und sobald es stille worden war, fuhr er fort: «Vernimm, o Kaiser, was wir alle an dir auszusetzen haben, aber keiner frey herauszusagen wagt. Du vernachläßigest dich ganz, opferst deinen Leib auf, und zehrst dich mit der Arbeit und Sorge für uns ab, da du weder bey Tage noch bey Nacht einige Ruhe genießest.» In diesem Tone fuhr er lange fort, daß auch der Redner Kaßius Severus gesagt haben soll: «Diese Freymüthigkeit wird dem Manne den Kopf kosten.»

Doch dies hat soviel noch nicht zu bedeuten. Aber dann ist der Schmeichler sehr gefährlich, und kann bey unverständigen Leuten großen Schaden anrichten, wenn er gerade die entgegengesetzten Laster und Leidenschaften angreift, wie Himerius[40] den kärgsten und geizigsten Reichen in Athen als einen Verschwender und nachläßigen Mann heruntermachte, der gewiß noch mit seinen Kindern würde darben müssen; oder wenn sie auf der andern Seite lüderlichen Verschwendern Geiz und Kargheit vorwerfen, wie Titus Petronius [41] dem Nero; oder auch, wenn sie Fürsten, die ihre Unterthanen grausam und unbarmherzig behandeln, zureden, die gar zu große Gütigkeit, das unzeitige und unnütze Mitleid abzulegen.

Nicht minder gefährlich ist derjenige, der sich stellt, als wenn er sich vor einem einfältigen und blödsinnigen Menschen, wie vor einem schlauen und verschlagenen Kopfe hüte und in Acht nehme; und der es einem neidischen Manne, dessen einzige Freude es ist, andere zu tadeln und zu lästern, gleich verweist, wenn er einmal nicht umhin kann, einen berühmten Mann zu loben, und ihm nicht anders widerspricht, als wenn das eben sein Hauptfehler wäre. – Du lobst nur Leute, die es nicht verdienen. Wer ist dieser Mann? was hat er rühmliches gethan oder gesagt?

Am meisten aber greifen die Schmeichler in Dingen, die die Liebe betreffen, ihre Gönner an, und suchen sie immer mehr zu entzünden. Sehen sie, daß diese mit ihren Brüdern uneinig sind, oder ihre Eltern verachten, oder ihren Gattinnen ungebührlich begegnen, so fällt es ihnen nie ein, sie durch Erinnerungen und Verweise zu begütigen, sondern sie reizen sie nur noch mehr zum Zorne. Du vergiebst dir zu viel, sagen sie; du bist selbst schuld daran; warum bist du immer so gefällig und unterthänig? Sobald aber durch Zänkerey und Eifersucht mit einer Mätresse oder einer untreuen Geliebten Verdruß entsteht, dann ist gleich die Schmeicheley mit einer auffallenden Freymüthigkeit bey der Hand; sie gießt Öl ins Feuer, führt allerhand triftige Gründe an und beschuldiget den Liebhaber, daß er in vielen Stücken lieblos, hart und tadelnswürdig gehandelt habe.

O schnöder Undank für so manchen sanften Kuß! [42]

Den Antonius, der in die Ägyptierin* heftig verliebt war, beredeten seine Freunde, daß er auch von ihr geliebt würde; sie schalten ihn aus, und nennten ihn einen übermüthigen Mann ohne alle Empfindung. Diese Frau, sagten sie, hat ihr so großes Reich und ihre glückliche Residenz verlassen, und theilt mit dir alles Ungemach des Kriegs; und doch hältst du sie nicht besser als eine Beyschläferinn und bist bey ihrem Elende ganz unbekümmert.

> *Aber du trägst ein unbezwingliches Herz in dem Busen!***

Antonius hörte diese Beschuldigungen und Vorwürfe, als ob er ungerecht handele, gerne, ja wohl noch lieber als Lobeserhebungen; er merkte aber nicht, daß diese scheinbaren Verweise ihn immer mehr verkehrten. Denn diese Art der Freymüthigkeit ist den Bissen unzüchtiger Weiber gleich, da sie eben durch das, was schmerzhaft zu seyn scheint, kützelt und Vergnügen erweckt.

Der Wein, der sonst ein gutes Mittel gegen den Schierling ist, verliert, sobald man ihn mit dem Gifte vermischt, diese seine Wirkung, weil alsdann wegen der Hitze das Gift desto schneller zum Herzen eilt. Eben so pflegen böse Leute, welche wissen, daß die Freymüthigkeit ein vortrefliches Mittel gegen die Schmeicheley ist, vermittelst der Freymüthigkeit selbst zu schmeicheln. Daher war auch auf die Frage: welches unter allen Thieren das schlimmste sey? die Antwort des Bias[43]*: «Unter den wilden Thieren der Tyrann, und den zahmen der Schmeichler» nicht ganz richtig. Er hätte mit mehrerer Bestimmtheit sagen sollen: Unter den*

---

* Die Kleopatra.
** Odyßee G. 10, v. 329.

Schmeichlern sind diejenigen zahm, welche sich gerne beym Bade und bey Tische einfinden; der aber ist wild, grausam und unbändig, der seinen Vorwitz, seine Verläumdung und Boßheit, wie die Arme eines Polypen, bis in das Innre des Hauses und selbst in die Wohnung des Frauenzimmers ausstreckt.

Es giebt, wie es scheint, nur ein einziges Mittel, sich vor dieser Art der Schmeicheley in Acht zu nehmen. Man muß nemlich wissen und sich beständig erinnern, daß die Seele gleichsam zwo Seiten hat. Auf der einen ist sie tugend- und wahrheitliebend und der Vernunft gehorsam; auf der andern Seite aber mit der Vernunft im Streite, der Unwahrheit und den Leidenschaften ergeben. Der Freund nun hält sich beständig als Rathgeber und Beystand zu der bessern, gleich einem Arzte, der die Gesundheit stärkt und erhält; der Schmeichler hingegen setzt sich an die andere, wo Unvernunft und Leidenschaften herrschen. Diese pflegt er zu jukken und zu kützeln, und theils durch Überredung, theils durch Erfindung schädlicher Ergötzlichkeiten, immer weiter von der vernünftigen Überlegung zu entfernen.

Gleichwie es unter den Speisen einige giebt, die weder dem Blute Nahrung zuführen, noch der Lunge nützen, noch auch den Nerven und dem Marke Stärke geben, sondern zur Geilheit reizen, den Bauch auftreiben, und ein faules und ungesundes Fleisch verursachen; eben so machen auch die Reden des Schmeichlers weder tugendhafter noch vernünftiger, sondern sie nähren entweder die wollüstige Liebe, oder vergrößern den unvernünftigen Zorn, oder machen den Neid rege, oder flößen einen eitlen und verhaßten Stolz ein, oder klagen mit dem Traurigen, oder machen den Bößartigen, Niederträchtigen und Unbiegsamen durch verläumderische

Vermuthungen immer ärger, mißtrauischer und argwöhnischer. Giebt man nun darauf Acht, so wird man den Schmeichler gar leicht entdecken können. Denn er versteckt sich jedesmal hinter eine Leidenschaft; diese mästet er und hängt sich wie ein Geschwür an alle schadhafte und entzündete Theile der Seele. Du bist erzürnt? sagt er – Nun so strafe. Du hast Verlangen darnach? Ey so kaufe es doch. Du fürchtest dich? – Komm wir wollen fliehen. Das ist dir verdächtig? O trau du mir.

Sollte man den Schmeichler etwa an diesen Leidenschaften nicht entdecken können, weil sie durch ihre Größe und Heftigkeit alle vernünftige Überlegung zu verdrängen pflegen, so wird er gewiß, da er sich immer gleich bleibt, bey den übrigen Blößen geben. Der Freund wird denjenigen, der sich durch einen Rausch oder durch übermäßiges Essen geschadet zu haben glaubt, und in Zweifel ist, ob er baden und essen dürfe, zur Enthaltsamkeit und Vorsicht ermahnen. Der Schmeichler hingegen zieht ihn mit Gewalt ins Bad, läßt frische Speisen auftragen und ermahnt ihn, seinen Leib nicht durch Fasten zu schwächen. Wenn er sieht, daß einer aus Weichlichkeit sich vor einer Reise, Seefahrt oder Unternehmung scheuet, so sagt er gleich, die Sache sey ja nicht so eilig; er könne es zu einer andern Zeit eben so gut verrichten, oder einen andern schicken. Reuet es einen, daß er seinem Freunde eine Summe Geldes zu leihen oder zu schenken versprochen hat, schämet sich aber dieser Reue, so tritt der Schmeichler gleich der schlimmern Neigung bey; er bestärkt die dem Beutel günstige Meynung und vertreibt alle Scham, durch die Vorstellung, er müsse sparsam seyn, weil er so vieles zu bestreiten habe, und mehreren aushelfen müsse. Auf diese Weise wird der Schmeichler unserer Aufmerksamkeit nicht entgehen können, wenn wir nur unsere Begierden,

*unsere Unverschämtheit und Furchtsamkeit nicht vor uns
selbst verhehlen wollen. Denn eben diese Leidenschaften
sind es, denen der Schmeichler immer das Wort redet, und
zu deren Übertreibung er uns durch seine Freymüthigkeit
verleitet.*

*Genug davon. Wir kommen nun auf die Gefälligkeit und
Dienstfertigkeit zu reden. Hierinnen verursacht der
Schmeichler eine solche Verwirrung und Ungewißheit, daß er
kaum vom Freunde zu unterscheiden ist, weil er in allen
Fällen unverdrossen, zuvorkommend und ohne Ausflüchte
bereitwillig scheint. Das Betragen des Freundes ist, wie die
Rede der Wahrheit beym Euripides* [44]*, einfach, lauter und
ungeschmückt; aber das Betragen des Schmeichlers ist in sich
selbst krank, und erfordert kluggewählte, ja wahrhaftig viele
und außerordentliche Mittel.*

*Gleichwie der Freund, wenn er dem andern begegnet, oft
nicht ein einziges Wort mit ihm redet, sondern ihn nur lä-
chelnd ansieht, und seine innere Freundschaft und Zuneigung durch Blicke gegenseitig zu erkennen giebt; der
Schmeichler aber entgegenläuft oder hintendreinspringt und
schon von weitem die Hand reicht, oder wenn er zuerst gesehen und gegrüßt worden, sich mit vielen Schwüren, und mit
Berufung auf Zeugen entschuldiget. – Eben so lassen auch
bey Geschäften die Freunde viele Kleinigkeiten aus der Acht;
sie nehmen es nicht immer so genau, sind in keiner Sache
vorwitzig, und dringen nicht gleich in allen Dingen dem andern ihre Dienste auf: der Schmeichler hingegen ist hierinnen
zudringlich, unabläßig und unermüdet; er läßt dem andern
keine Gelegenheit, einen Dienst zu erweisen, sondern erwar-
tet immer Befehle; und wenn man ihm nichts anbefiehlt, so
verdrießt es ihn, er wird niedergeschlagen und beklagt sich*

über sein Schicksal. *Auch dieses sind schon Kennzeichen, wodurch verständige Leute eine wahre und vernünftige Freundschaft, von einer buhlerischen, die sich mit mehrerem Feuer, als nöthig ist, anschmiegt, unterscheiden können.*

Doch wir müssen zuerst den Unterschied in Absicht der Versprechungen betrachten. Die Alten haben ganz recht gesagt, daß in den beyden Versen:

Sprich, was ist dein Wunsch? Denn meine Seele befiehlt mir
Deinem Willen, o Göttinn, wofern ich kann, zu gehorchen. *

das letztere das Versprechen eines Freundes, das erstere aber das Versprechen eines Schmeichlers sey. Auch die komischen Dichter führen dergleichen Leute auf. «O Nikomachus, (heißt es irgendwo) laßt michs nur mit dem Soldaten aufnehmen; ich will ihn gewiß ganz zu Teig schlagen; sein Gesicht soll weicher seyn als ein Schwamm.» [45]

Der Freund wird ferner keine Sache mit ausführen helfen, wenn er nicht darüber um Rath gefragt worden, und er dieselbe nach vorhergegangener Prüfung, ob sie anständig und nützlich sey, gut geheißen hat. Der Schmeichler hingegen, gesetzt auch, daß man ihn die Sache mit prüfen und seine Meynung sagen läßt, wird aus Gefälligkeit nicht nur zu allem ja sagen, sondern auch sich alles gefallen lassen, und unsern Begierden allen Vorschub thun, weil er sich vor dem Verdacht hütet, daß er zaudere und nicht helfen wolle.

---

* Iliade G. 14, v. 195 f.

*Man wird nicht leicht einen Reichen oder einen König fin-
den, welcher sagen sollte:*

> *O hätt' ich einen Freund – möcht' er doch immerhin
> Ein Bettler, oder auch noch weit geringer seyn –
> Der mit mir spräche frey, von Herzen, ohne Furcht* [46].

*Diese brauchen immer, gleich den tragischen Schauspielern,
ein Chor von Freunden, das ihnen beystimmt, und ein ap-
plaudirendes Theater. Daher giebt auch Merope in einer
Tragödie diese nützliche Erinnerung:*

> *Erwähl zum Freunde den, der nicht im Reden stets
> Dir lauten Beyfall giebt; und dem verschließ dein Haus,
> Der zu gefallen redt, und deiner Lüste schont* [47].

*Allein jene thun gerade das Gegentheil. Diejenigen, die ih-
nen nicht nach dem Maule reden, sondern zu ihrem eigenen
Besten widersprechen, stossen sie von sich: diese niederträchtigen Betrüger aber, die ihnen zu gefallen alles Böse gut hei-
ßen, lassen sie nicht allein in das Innere des Hauses, sondern
entdecken ihnen sogar die geheimsten Leidenschaften und
Handlungen.*

*Ein Schmeichler, der etwas einfältig ist, läßt sich nicht
leicht einfallen, sich mit seinem Rathe in solche wichtige
Dinge zu mischen; er begnügt sich, einen Gehülfen und
Diener dabey abzugeben: der verschmitztere aber nimmt
während der Berathschlagung eine ernsthafte Miene an, nickt
immer dazu mit dem Kopfe, und schweigt ganz stille. Sobald
der andere seine Meynung an Tag giebt, ruft er aus: Ums
Himmels willen, da bist du mir zuvorgekommen, eben das
wollte ich auch sagen.*

*Die Mathematiker lehren, daß die Flächen und Linien,
so lange sie für sich allein gedacht werden, und ohne Körper*

sind, weder gebogen, noch ausgedehnt, noch bewegt werden können, mit den Körpern aber, deren Enden sie sind, die Beugung, Ausdehnung und Veränderung verstatten. Eben so kann man den Schmeichler auch dadurch entdecken, daß er immer im Reden, Urtheilen und Empfinden, so wie im Zorne sich nach einem andern richtet. Hierinnen fällt es also gar nicht schwer, den Unterschied gewahr zu werden; noch weit weniger aber, in der Beschaffenheit der Dienstleistung selbst.

Die Gefälligkeit des Freundes hat die vorzüglichsten Kräfte gleichsam, wie ein Thier, in dem Innersten; nichts prahlerisches, nichts das in die Augen fällt, ist daran zu finden: wie der Arzt heilt, ohne daß man es weiß, eben so hilft der Freund gleich wenn er kömmt, oder erst beym Weggehen, und sorgt für den andern, ohne daß es dieser inne wird. So verfuhr Arkesilaus [48] unter andern auch mit dem Chier, dem Apelles. Als er sahe, daß es diesem bey einer Krankheit an allem Nothwendigen fehlte, nahm er zwanzig Drachmen mit hin*, setzte sich neben ihn und sagte: Hier findet man ja sonst nichts, als die Elemente des Empedokles:

Feuer und Wasser und Erde, den alles belebenden Äther [49].

Aber du liegst nicht bequem genug. – Zugleich legte er ihm das Kopfkissen zurechte, und steckte das Geld unvermerkt darunter. Die alte Aufwärterin fand es und erzählte es voller Verwunderung dem Apelles, welcher darüber lachte, und sagte: Das ist ein Stückgen vom Arkesilaus.

Die Philosophie bringt doch noch zuweilen Kinder hervor, die ihren Vätern ähnlich sind [50]. Lakydes, ein Schüler

* Nach Conventionsgelde 4 Rthlr. 6 Gr. 4⅓ Pf.

des Arkesilaus, begleitete nebst andern Freunden, den Kephi-
sokrates, der wegen eines Staatsverbrechens verklagt worden
war, vor Gericht. Der Ankläger forderte ihm einen gewissen
Ring ab, auf dem die ganze Sache beruhte, und diesen ließ
Kephisokrates sachte neben sich herunterfallen. Sobald Laky-
des das merkte, trat er mit dem Fuße darauf, daß niemand
ihn gewahr werden sollte. Nach der Lossprechung gieng Ke-
phisokrates zu den Richtern, um sich bey ihnen zu bedan-
ken. Einer derselben, der vermuthlich gesehen hatte, was
vorgegangen war, sagte ihm, er müsse sich beym Lakydes be-
danken, und erzählte ihm zugleich die ganze Sache, ohner-
achtet sie Lakydes niemanden offenbaret hatte. So pflegen
auch die Götter, wie ich glaube, mehrentheils den Menschen,
ohne daß sie es inne werden, Gutes zu thun, da sie ihrer
Natur nach eben im Wohlthun das größte Vergnügen finden.

Hingegen bey den Handlungen des Schmeichlers ist nichts
gerechtes, nichts wahres, nichts natürliches, nichts edelmüthi-
ges zu finden. Sie sind alle mit Schweiß, mit Herumlaufen,
mit großem Geschrey und runzlichtem Gesichte verbunden,
wodurch er uns zu verstehen geben will, wie sauer es ihm
werde, und wie sehr er sichs angelegen seyn lasse, uns zu die-
nen. Sie gleichen einem künstlichen Gemälde, das durch die
hellsten Farben, und durch die gebrochenen Falten, Runzeln
und Ecken sogleich eine deutliche Vorstellung in uns erweckt.

Nicht weniger lästig ist er, wenn er erzählet, wie viel
Sorgen und Wege ihn die Sache gekostet, wie sehr er sich an-
dere dadurch zu Feinden gemacht, wie viel Ungemach und
Beschwerlichkeit er darüber ausgestanden habe; so daß man
mit Recht zu ihm sagen kann: O, das verlohnte sich nicht
der Mühe. Eine jede Gefälligkeit, die man uns vorwirft,
wird unangenehm, verhaßt und unerträglich. Aber der
Schmeichler rückt uns seine Gefälligkeit nicht erst hinten-

drein vor; er verbindet sie sogleich, indem er sie erweiset, mit
Beschämung und Vorwürfen: da hingegen der Freund, wenn
er sich ja gezwungen sieht, die Sache zu erzählen, davon
ganz bescheiden redet und von sich selbst gar nichts sagt. Die
Lacedämonier hatten einst den Smyrnäern bey einer Hun-
gersnoth Lebensmittel zugeschickt; da nun diese über die
Wohlthat viel Bewunderung äußerten, so sagten sie: «Das ist
gar nichts Besonders; wir beschlossen, uns und unserm Vieh
das Mittagsmahl auf einen Tag zu entziehen, und da haben
wir das gesammlet.»[51] Eine solche Wohlthat ist nicht nur
edel, sondern auch dem, der sie empfängt, weit angenehmer,
weil er glaubt, daß der Freund, der sie ihm erwiesen, selbst
keinen großen Schaden dadurch gelitten habe.

Doch es ist weder das Lästige der Dienstleistung, noch der
Leichtsinn bey Versprechungen das einzige, woran man den
Schmeichler erkennen kann; man kann es noch weit besser,
wenn man untersucht, ob die Handlung, wodurch er uns
dient, anständig oder schändlich ist, ob sie auf Vergnügen
oder auf Nutzen abzweckt. Unbegründet ist jene Behaup-
tung des Gorgias, daß der Freund nur in erlaubten Dingen
von seinem Freunde Unterstützung erwarte, diesen aber auch
wohl in Dingen unterstütze, die so erlaubt nicht sind. Denn
der Freund pflegt nur mit dem andern weise, nicht aber
wahnwitzig zu seyn[52]. Er sucht ihn vielmehr von unerlaub-
ten Dingen abzuhalten, und wenn er ihn nicht überreden
kann, so sagt er, wie Phocion[53] zum Antipater: Du kannst
mich nicht zugleich zum Freunde und zum Schmeichler haben, das ist, zum Freunde und auch nicht zum Freunde.
Man muß den Freund nur bey seinen Unternehmungen un-
terstützen, nicht aber bey Übelthaten; bey Berathschlagun-
gen, nicht bey Nachstellungen; bey Ablegung eines Zeugnis-

ses, nicht bey Betrügereyen; ja man muß an seinem Unglück, nicht an seiner Ungerechtigkeit Antheil nehmen. Man darf nicht mit um die bösen Thaten des Freundes wissen, noch viel weniger sie mit verrichten und sich gleiche Schande zuziehen wollen.

Als die Lacedämonier vom Antipater waren geschlagen[*] worden, und nun mit ihm Friede machten, so baten sie, er möchte ihnen eine Strafe auferlegen, welche er wollte, nur keine schändliche. Eben so verhält sich auch der Freund. Findet sich etwa ein Fall, der mit Geldaufwand oder mit Gefahr und Mühe verknüpft ist, so will er zuerst dazu aufgefordert seyn, und nimmt bereitwillig, ohne alle Ausflüchte daran Theil; ist der Fall aber nur mit Schande verbunden, dann bittet er, ihn ganz damit zu verschonen, und in Ruhe zu lassen. Der Schmeichler hingegen mag mit mühsamen und gefahrvollen Diensten gar nichts zu thun haben; er giebt, wie ein löcherichter Topf, wenn man zur Probe mit dem Finger an ihn klopft, unter irgend einem Vorwand einen dumpfen Klang von sich, der uns gleich dessen Unbrauchbarkeit verräth. Aber man brauche ihn zu schändlichen, niederträchtigen und unanständigen Diensten, wie man will, man trete ihn gar mit Füßen, er wird sich durch nichts gekränkt oder beschimpft glauben.

Man betrachte einmal den Affen. Er kann nicht das Haus hüten, wie der Hund, nicht tragen, wie das Pferd, nicht pflügen, wie der Ochs; daher läßt er sich alle Neckereyen, Possen und Spiele, die man mit ihm anfängt, gefallen, und macht sich selbst zum Stoffe des Gelächters. Nicht anders

---

[*] Plutarch meynt jene Schlacht, die im 3ten Jahre der 112ten Olympiade vorfiel, worinnen der spartanische König Agis blieb. S. Diodor B. 17, Absch. 1, Kap. 62, 63.

verhält sich der Schmeichler. *Weil er dem andern weder ra-*
then noch mit Gelde aushelfen, noch mit ihm wetteifern
kann, und in allem, was Mühe und Anstrengung erfordert,
zurückstehen muß, so weigert er sich keiner geheimzuhalten-
den Verrichtung; er giebt in Liebessachen einen treuen Un-
terhändler ab; er läßt sich bey Bestellung einer Hure keine
Mühe verdrießen; er denkt darauf, daß die Summe, die man
zu einem Schmause bestimmt hat, rein aufgehe; er ist ge-
schäftig bey Veranstaltung eines Gastmahls und zuvorkom-
mend gegen die Beyschläferinn seines Gönners; dagegen aber
grob und unverschämt, wenn man ihm befiehlt, den Schwie-
gereltern zu trotzen, oder die Frau aus dem Hause zu wer-
fen. Man wird also auch hierinnen den Schmeichler gar
leicht entdecken können. Denn man darf ihm nur ein
schändliches und unanständiges Geschäfte auftragen, so wird
er gleich ohne Bedenken auf Kosten seiner Ehre sich gefällig
erweisen.

Auch aus dem Betragen des Schmeichlers gegen unsere
übrigen Freunde läßt sich recht gut ersehen, wie sehr er von
einem wahren Freunde unterschieden ist. Der Freund hält es
für das größte Vergnügen, mit vielen zu lieben, und geliebt
zu werden, und ist also beständig darauf bedacht, daß sein
Freund von vielen geliebt und geehrt werde. Denn da unter
Freunden alles gemein ist, so glaubt er, daß nichts so sehr ge-
meinschaftlich seyn müsse, als eben die Freunde. Aber jener
falsche und unächte Freund, der am besten weiß, wie sehr er
der wahren Freundschaft Eintrag thut, da sie durch ihn einer
falschen Münze ähnlich wird, ist schon seiner Natur nach
neidisch. Er läßt seinen Neid am meisten gegen seines glei-
chen blicken, indem er mit ihnen um den Vorzug im Possen-
reißen und in der Schwatzhaftigkeit streitet; aber vor dem

Bessern zittert und bebt er, nicht, weil er zu Fusse neben einem lydischen Wagen* [54] hergeht, sondern weil er, wie Simonides sagt, gegen reines Gold gehalten, nicht einmal als reines Bley befunden wird [55]. Wenn man also den Schmeichler, der gleichsam verfälscht, und wegen des fremden Zusatzes viel zu leicht ist, in der Nähe gegen die ächte und vollwichtige Freundschaft hält, so kann er die Probe nicht lange aushalten, sondern wird entdeckt, und macht es dann eben so, wie jener Maler, der ein Huhn schlecht gemalt hatte. Dieser befahl seinem Knaben, alle wahren Hühner so weit als möglich von dem Gemälde wegzuscheuchen. Und so scheucht der Schmeichler die wahren Freunde weg, und läßt keinen zu nahe kommen, oder thut, wenn ihm dieses unmöglich ist, gegen sie ins Gesicht freundlich, rühmt und bewundert ihre Vorzüge, insgeheim aber streut er allerhand Verläumdungen und verdächtige Reden, die den Argwohn rege machen sollen, gegen sie aus. Erreicht er auch dadurch nicht sogleich seinen Endzweck, so tröstet er sich mit der Rede des Medius.

Medius war der vornehmste unter dem Haufen von Schmeichlern, die Alexandern (den Großen) umgaben, und der verschmitzteste Feind aller rechtschaffenen Männer. Er hatte den Grundsatz, man solle nur getrost einen jeden mit Verläumdungen anfallen und beißen; denn wenn auch der Gebissene seine Wunde heilte, so würde doch allemal eine Narbe von der Verläumdung zurückbleiben. Und von solchen Narben, oder besser zu reden, krebsartigen Geschwüren, war Alexander ganz zerfressen. Deswegen tödtete er den

---

* Ein Sprüchwort, das von denjenigen gebraucht wird, die von andern in einem ungleichen Wettstreite überwunden werden. Der Sinn dieser Stelle ist: Der Schmeichler zittert vor dem wahren Freunde, nicht, weil er jenem, nur in dieser oder jener Sache nachsteht, sondern weil er in jeder Absicht schlechter und geringer ist.

Kallisthenes, den Parmenio, den Philotas, und ließ sich völlig hinreißen von solchen Leuten, als Agno, Bagoas, Agesias und Demetrius waren, von denen er, wie ein fremdes Götzenbild, angebetet, bekleidet und geputzt wurde.

Eine solche Gewalt besitzt die Schmeicheley, und, wie es scheint, die größte über diejenigen, die sich selbst für die größten und mächtigsten halten. Denn der Glaube, so wie der Wunsch, alle die besten und vortreflichsten Eigenschaften zu besitzen, macht den Schmeichler zu gleicher Zeit glaubwürdig und kühn. Hohe, steile Gegenden sind sonst unersteigbar und vor den Nachstellungen der Feinde sicher; aber die Höhe und stolze Einbildung einer verstandlosen Seele auf das Glück oder die vornehme Geburt, verstattet schlechten und niederträchtigen Menschen am ersten einen Zugang. Deswegen gab ich gleich im Anfange dieser Abhandlung die Ermahnung, und wiederhole sie auch jetzt, daß man alle Eigenliebe und Einbildung gänzlich ausrotten soll. Denn eben diese schmeichelt uns zuerst, und macht uns weich für die Schmeichler außer uns, daß wir ihnen desto leichter Gehör geben. Wenn wir aber dem Gotte* folgen und lernen, daß ein jeder die Kunst, sich selbst zu kennen, höher als andere schätzen müsse, und dann aus der aufmerksamen Betrachtung unserer Natur und ganzen Erziehung ersehen, wie viel uns noch im Guten fehlt, und mit wie vielen Lastern und Thorheiten unsere Handlungen, Reden, und Leidenschaften verbunden sind, so werden wir uns gewiß nicht so leicht von den Schmeichlern mit Füßen treten lassen.

Alexander sagte, der Schlaf und die Wollust, worinnen er

---

* Dem Apollo, an dessen Tempel in Delphen die Worte: Γνῶθι σαυτὸν, kenne dich selbst, angeschrieben waren.

öfters ausschweife, mache, daß er denen nicht glauben könne, die ihn einen Gott nennten. Wenn wir nun bey vielen Gelegenheiten auch an uns so manche häßliche und demüthigende Fehler und Unvollkommenheiten entdecken, so werden wir dadurch überzeugt werden, daß wir keinen Freund brauchen, der uns lobt und bewundert, sondern der uns bey schlechten Handlungen freymüthig tadelt und zurechtweiset. Denn unter vielen giebt es immer nur wenige, die mit ihren Freunden lieber freymüthig, als ihnen nach dem Maule reden wollen, und unter diesen wenigen findet man schwerlich einen, der das auf eine geschickte Art zu thun weiß und nicht glaubt, daß er freymüthig sey, wenn er schmäht und schimpft.

Die Freymüthigkeit verursacht, so wie jede andere Arzeney, wenn man sie nicht zu rechter Zeit braucht, eine unnütze Kränkung und Unruhe, und wirket gewissermassen durch Schmerz eben das, was die Schmeicheley durch Vergnügen hervorbringt. Denn so sehr ein unzeitiges Lob schadet, so sehr schadet auch ein unzeitiger Tadel, und eben dieser ist am meisten Ursache, daß wir dem Schmeichler so viele Blößen geben, uns zu fangen, indem wir gleichsam von den gar zu steilen und rauhen Bergen, wie das Wasser, in die sanfteren Thäler herabeilen. Man muß daher die Freymüthigkeit mit Höflichkeit verbinden, und auf eine vernünftige Art alle Übertreibung derselben vermeiden, damit sie nicht, wie ein gar zu helles Licht, Schmerzen verursache, und der andere vor den unaufhörlichen Verweisen und Vorwürfen in den Schatten des Schmeichlers fliehe und sich dahin wende, wo er vor allen Schmerzen sicher ist.

Ein jedes Laster, lieber Philopappus, muß man nur durch die Tugend, nicht aber durch das entgegengesetzte Laster fliehen. So scheinen manche die Bauernscham durch die Unverschämtheit, und die Ungeschliffenheit durch die Leichtfertig-

keit zu vermeiden, und glauben von aller Weichlichkeit und Furchtsamkeit dann am weitesten entfernt zu seyn, wenn sie dem Trotze und der Frechheit am nächsten sind. Ja einige ergeben sich sogar der Gottsverläugnung und Arglist, damit man sie nicht für abergläubisch oder einfältig halten soll, und sind also demjenigen gleich, der ein krumgebogenes Holz, weil er es nicht gerade zu bringen weiß, auf die andere Seite beugt. Demnach ist auch dies die schändlichste Art, die Schmeicheley zu vermeiden, wenn man ohne Noth beleidigend ist, und ein jeder Umgang, der durch Grobheit und mürrisches Wesen das Niederträchtige und Unanständige in der Freundschaft zu fliehen sucht, ist unartig und ungeschickt, Zuneigung zu erwecken. Es verhält sich hiermit gerade so, wie mit jenen ungeziemenden Lästerungen in der Komödie*, wodurch man des Rechtes der Gleichheit völlig zu genießen glaubte [56]. Weil es also eben so schändlich ist, wenn man, um sich gefällig zu machen, in die Schmeicheley verfällt, als wenn man, um der Schmeicheley zu entgehen, durch eine übertriebene Freymüthigkeit die freundschaftliche Sorgfalt unwirksam macht, so muß man sich vor beyden Abwegen in Acht nehmen, und wie in jeder andern Sache, also auch in der Freymüthigkeit die Mittelstraße gehen, um dadurch nützlich zu werden. Die Ordnung des Vortrags selbst scheint es zu erfordern, daß ich beym Schlusse dieser Abhandlung über diesen Punkt noch einige Erinnerungen gebe.

Wenn man wahrnimmt, daß die Freymüthigkeit von vielen Gebrechen begleitet zu seyn pflegt, so muß man fürs erste allen Eigennutz von ihr entfernen und sich sorgfältig hüten, daß man seinen Freund ja nicht wegen einer eigenen Angele-

---

* Nemlich in der sogenannten alten Komödie, in welcher oft die verdientesten Männer auf das ärgste herunter gemacht wurden, wie z. B. Sokrates in des Aristophanes Wolken.

genheit, als wegen einer Beleidigung oder eines Verdrußes, zu bestrafen scheine. Denn sonst glaubt er, daß das, was wir in Rücksicht unserer selbst sagten, nicht von der Freundschaft sondern vom Zorne herrühre, und daß es keine Ermahnung, sondern eine Scheltrede sey. Die Freymüthigkeit ist freundschaftlich und ehrwürdig, aber das Schelten eigennützig und verächtlich. Deswegen verehren und bewundern wir auch denjenigen, der uns unsere Fehler freymüthig entdeckt, während daß wir den, der nur zu schelten pflegt, wieder schelten und verachten.

So konnte Agamemnon die Freymüthigkeit des Achills, so bescheiden sie auch zu seyn schien, nicht vertragen; aber da Ulyßes ihn hart anließ und sagte:

Schwacher, wollte Gott, du führtest schlechtere Heere,
Nur nicht uns!*

da gab er nach, und ließ sichs gefallen, weil er sich von dieser weisen Rede, die nur das Wohl des Heeres zur Absicht zu haben schien, betroffen fand. Ulyßes bestrafte ihn freymüthig zum Besten Griechenlands, ohne daß er selbst eine Ursache zum Zorne hatte; Achilles aber war in seiner eigenen Sache gegen ihn aufgebracht. Ja Achilles selbst, der sonst «nicht mildes Sinnes, nicht weiches Herzens war, oft schrecklich und leicht auch Unschuldigen zürnte»** hörte stillschweigend diese heftigen Verweise des Patroklus an:

Unbarmherziger! Peleus der Held ist nicht dein Vater,
Deine Mutter ist Thetis nicht! Dich haben mit blauen
Wogen steile Felsen erzeugt, des bist du so grausam.***

* Iliade G. 14, v. 84.
** Iliade G. 20, v. 467, und G. 11, v. 654.
*** Iliade G. 16, v. 33.

72

Gleichwie der Redner Hyperides[57] von den Atheniensern verlangte, daß sie nicht blos darauf sehen sollten, ob er in seinen Reden bitter sey, sondern auch, ob er ohne Ursache so bitter sey; eben so ist auch die Erinnerung des Freundes von jeder Privatleidenschaft rein, und deswegen verehrungswürdig und eindringend, daß man nicht gegen sie aufzusehen wagt. Wenn wir also zeigen, daß wir bey unserer Freymüthigkeit die Vergehungen des Freundes gegen uns selbst ganz aus der Acht lassen, und nur andere Fehler an ihm rügen, oder ihn ohne Schonung wegen seines Verhaltens gegen andere Personen tadeln, so muß dieser Ton der Freymüthigkeit unwiderstehlich seyn, und mit seiner Süßigkeit das Herbe und Unangenehme der Erinnerung verdecken. Demnach ist es recht gesagt, daß man vornemlich bey dem Zwiste und der Uneinigkeit mit Freunden in seinen Handlungen auf das sehen müsse, was jenen nützlich und anständig ist.

Nicht weniger kommt es auch einem Freunde zu, daß er, wenn er gleich selbst verachtet und hintangesetzt zu seyn glaubt, wegen der Verachtung anderer freymüthig rede, und das Verhalten des Plato hierinnen nachahme. Dieser bat den Dionysius* bey aller schnöden Begegnung, die er von ihm erdulden mußte, um eine gelegene Zeit, mit ihm zu sprechen. Dionysius verwilligte sie ihm, in der Meynung, daß derselbe sich seinetwegen selbst beklagen wolle. Allein Plato redete ihn ohngefähr so an: «Wenn du erführest, Dionysius, daß ein Feind von dir nach Sicilien geschifft wäre, in der Absicht, dir Schaden zu thun, aber keine Gelegenheit dazu finden könnte; würdest du ihn wohl frey und unversehrt wieder abschiffen lassen?» Nichts weniger, mein Plato, antwortete

* Dionysius den jüngern, Tyrannen von Syrakus.

Dionysius. Denn man muß nicht allein die Handlungen seiner Feinde, sondern auch ihren Vorsatz hassen und bestrafen. «Nun aber», erwiederte Plato, «wenn einer aus Liebe zu dir hieher kömmt, in der Absicht, dir zu etwas gutem zu verhelfen, und du giebst ihm keine Gelegenheit dazu, ist es da wohl billig, ihm schnöde und undankbar zu begegnen?» Dionysius fragte ihn, wer denn dieser sey? «Aeschines ist es», antwortete Plato, «ein Mann von so gutem Charakter, als irgend einer unter des Sokrates Freunden, der vorzüglich geschickt ist, einen jeden, der mit ihm umgeht, durch seine Lehren zu bessern. Und dieser Mann, der über ein so weites Meer hieherkommen ist, um mit dir einen philosophischen Umgang zu pflegen, ist von dir ganz verachtet worden.» Dionysius ward dadurch so gerührt, daß er sogleich den Plato auf das liebreichste umarmte, seine freundschaftliche, edle Gesinnung bewunderte, und den Aeschines auf eine anständige und königliche Art versorgte.

Zweytens muß man von der Freymüthigkeit alle schädlichen Gewürze, Schmach, höhnisches Lachen, Spott und Leichtfertigkeit verbannen und gleichsam ausfegen. So wie ein Arzt beym Einschneiden in das Fleisch eine sichere und geschickte Hand haben, nicht aber auf eine unvorsichtige Art hüpfen und herumfahren, noch auf andere Dinge sehen muß; eben so erfordert auch die Freymüthigkeit Witz und Artigkeit, wenn nur das Gefällige sich nicht vom Ernste trennt, aber alles wird verdorben, sobald Frechheit und muthwilliger Spott dazu kömmt. Demnach brachte jener Cithariste den Philippus*, der mit ihm wegen des Schlagens der Saiten streiten wollte, auf eine sehr feine und witzige Art

* Den König in Macedonien, den Vater Alexanders des Großen.

zum Stillschweigen, indem er zu ihm sagte: «Gott behüte dich, o König, vor dem Unglücke, daß du das besser wissen solltest als ich.» Epicharmus [58] hingegen handelte sehr unartig, da er dem Hiero*, der wenige Tage nach der Hinrichtung einiger Freunde ihn zu einem Gastmahl eingeladen hatte, den Vorwurf machte: «Warum hast du denn neulich, da du opfertest, deine Freunde nicht dazu eingeladen?» Eben so grob machte es auch Antipho** [59], der, als man beym Dionysius über die Frage redete, welches das beste Erz sey? herausfuhr: «Dasjenige, woraus die Athener die Bildsäulen des Harmodius und Aristogitons verfertigten.»

So unnütz bey solchen Reden das Bittere und Beleidigende ist, so anstößig ist auch die Frechheit des Scherzes. Ein solches Betragen rührt von einer feindseligen, mit Schmähsucht und Boßheit verbundenen, Ausgelassenheit her, wodurch diejenigen, die sich so verhalten, sich selbst ins Unglück stürzen, und wie man zu sagen pflegt, um den Brunnen herum tanzen.*** Denn Antipho wurde vom Dionysius umgebracht, und Timagenes [60] fiel beym Cäsar**** in Ungnade, nicht, weil er sich in seinen Reden zu viel herausnahm, sondern, weil er bey Gastmahlen und beym Spazierengehen, in keiner guten Absicht, blos um etwas zu lachen zu geben, unter dem Vorwande der Freundschaft die gröbsten

---

* Dem ältern, Tyrannen von Syrakus.

** Ein berühmter athenischer Redner. Harmodius und Aristogiton hatten Athen von der Tyranney der Pisistratiden befreyet, und deswegen waren ihnen von den Athenern Bildsäulen gesetzt worden.

*** Ein Sprüchwort, das von denen gebraucht wird, die auf eine unbesonnene Weise ins Unglück rennen.

**** Der Cäsar, den Plutarch hier meynt, ist Augustus.

75

Lästerungen ausstieß. So haben auch die komischen Dichter manche derbe Wahrheit in Absicht der Staatsverwaltung auf dem Theater vorgebracht; allein die beygemischten Possen und Zoten machten die Freymüthigkeit, wie eine schlechte Brühe die ganze Speise, unnütz und vergeblich. Daher hatten die Verfasser selbst nichts davon, als daß man sie für boßhafte und muthwillige Spötter hielt, und den Zuhörern brachte das Gesagte nicht den geringsten Nutzen. In dem Umgange mit Freunden läßt sich ja in tausend andern Fällen Scherz und Lachen anbringen; nur die Freymüthigkeit muß immer ernsthaft und gesetzt seyn, und wenn es sehr wichtige Dinge anbetrift, muß man noch durch den Affekt, die Geberden und den Ton der Stimme, seinen Reden Gewicht und Nachdruck geben.

Die Versäumung der Gelegenheit richtet in allen Dingen großen Schaden an, am meisten aber vereitelt sie den Nutzen der Freymüthigkeit. Daß man sich hierinnen besonders beym Weine und bey der Trunkenheit in Acht nehmen müsse, wird jedem einleuchtend seyn. Man überzieht gleichsam den heitern Himmel mit Wolken, wenn man bey Scherzen und Lustbarkeiten eine Rede vorbringt, die das Gesicht zusammenzieht und verfinstert, und, so zu sagen, gegen den Gott des Weins streitet, der, nach dem Pindarus, die Fesseln der lästigen Sorgen löset[61]. *Zudem ist es auch sehr gefährlich, zu einer so ungelegenen Zeit freymüthig zu seyn. Denn der Wein macht die Seele des Menschen sehr zum Zorne geneigt, und gar oft ist die Freymüthigkeit, wenn sie der Trunkenheit in den Weg gekommen, von ihr in Feindschaft verwandelt worden. Überhaupt aber ist es unedel und ein Beweiß einer großen Feigheit, wenn man seinem Freunde, so lange er nüchtern ist, keine Erinnerung giebt, und dann bey Tische, gleich furchtsamen Hunden, der Freymüthigkeit freyen*

Lauf läßt. Es ist also nicht nöthig, mich hierbey länger auf-
zuhalten.

Viele haben weder Muth noch Willen, ihren Freunden,
so lange sich diese im Glücke und Wohlstande befinden, ei-
nen Verweiß zu geben, und glauben, daß durchaus allen Er-
innerungen der Zugang zum Glücke versperrt sey; sobald
aber die Freunde in Unglück gerathen, fallen sie über sie her,
und treten sie, so gedemüthiget sie auch schon sind, mit Fü-
ßen: sie lassen nun ihre Freymüthigkeit, gleich einem mit
Gewalt aufgehaltenen Strome, ausbrechen, und machen sich
die Glücksveränderung nach Herzenslust zu Nutze, theils
wegen des Stolzes, den jene vorher bewiesen, theils auch we-
gen ihrer eignen vormaligen Schwäche. Es wird also nicht
undienlich seyn, von einem solchen Betragen weitläuftiger zu
reden, und zugleich dem Euripides, welcher sagt:

Wozu die Freunde, wenn das Glück uns günstig ist? [62]

zu antworten: Im Glücke hat man am allermeisten Freunde
nöthig, die freymüthig mit uns reden und uns nicht zu stolz
werden lassen. Es giebt nur wenige, denen mit dem Glücke
auch die Gabe des Verstandes zu Theile wird; die mehresten
bedürfen eines von aussen ihnen zugebrachten Verstandes,
und fremder Vorstellungen, die dem vom Glücke herrühren-
den Taumel und Schwulste Einhalt thun. Wenn aber das
Glück selbst sie zu Boden schlägt, und ihnen den Stolz be-
nimmt, so liegt schon in den Umständen etwas, das sie züch-
tiget und zur Reue bringt. Daher haben sie alsdann weder
die Freymüthigkeit eines Freundes, noch nachdrückliche und
beissende Worte nöthig, sondern bey einem solchen Glücks-
wechsel ist es allerdings süß, einem Freunde in die Augen zu
sehen, der uns Trost und Muth zusprechen kann. So sagt

Xenophon vom Klearchus*, daß er durch sein heitres und freundliches Gesicht, welches er bey Schlachten und Gefahren zeigte, allen Soldaten den größten Muth eingeflößt habe [63].

Wer hingegen Freymüthigkeit und beissende Reden bey einem unglücklichen Manne braucht, der kann so wenig, als eine das Gesicht stärkende Arzeney bey einem kranken und entzündeten Auge, etwas helfen, oder den Schmerz benehmen, sondern setzt noch den Zorn zur Traurigkeit hinzu und erbittert den Betrübten. Ein Gesunder zum Beyspiel läßt sichs ohne Verdruß und Unwillen gefallen, wenn ihm ein Freund seine Ausschweifungen in der Liebe und im Trunke, den Müßiggang, den Mangel der Leibesübungen, das öftere Baden und die unzeitige Überladung des Magens verweiset. Einem Kranken aber ist es unerträglich und schmerzlicher als die Krankheit selbst, wenn er den Vorwurf hören muß: Das sind die Folgen deiner Ausschweifungen und Unmäßigkeit im Essen und in der Liebe. O Mensch, wird er antworten, wie unzeitig ist diese Erinnerung. Ich mache mein Testament, die Ärzte bereiten mir Bibergeil und Purganzen, und du hältst mir da noch eine Strafpredigt. Eben so erfordern auch die Umstände eines Unglücklichen keine Verweise und Gemeinsprüche, sondern nur mitleidige und liebreiche Hülfe. Die Ammen laufen nach den Kindern, wenn sie gefallen sind, nicht um mit ihnen zu schmälen, sondern um sie aufzuheben, abzuwischen und wieder zu begütigen; dann erst schmälen und strafen sie.

Demetrius, der Phalereer [64], sahe es, wie man sagt, höchst ungerne, als Krates [65] ihn nach der Verweisung aus seinem Vaterlande, und in den dürftigen und niedrigen Umständen,

---

* Im Feldzuge des jüngern Kyrus B. 2, Kap. 6, §7.

worinnen er bey Theben lebte, besuchte, weil er sich vor dessen cynischer Freymüthigkeit und harten Vorwürfen fürchtete. Doch da Krates ihn freundlich anredete, und von der Landesverweisung als einer Sache sprach, die für kein Unglück zu halten sey und nicht verdiene, daß er sich darüber kränke, weil er nun von allen den gefährlichen und unsichern Geschäften befreyet wäre; zugleich auch ihn ermahnte, daß er nur auf sich selbst und seine Denkungsart vertrauen sollte: so ward er dadurch wieder voll frohen Muthes, und sagte zu seinen Freunden: Pfuy der Geschäfte, die uns verhindert haben, einen solchen Mann kennen zu lernen!

Des Freundes Rede ist im Unglück süßer Trost
Und für den Thoren nur, ein Tadel und Verweis [66].

Dies ist das Verhalten ächter Freunde. Hingegen die unedlen und niederträchtigen Schmeichler pflegen sich, gleich den Wunden und Verletzungen, von welchen Demosthenes* sagt, daß sie sich alsdann regen, wenn dem Leibe ein Übel zustößt, an die Veränderungen des Glücks fest anzuhängen, als wenn sie davon viel Vergnügen und Nutzen hätten. Es ist ihnen genug, dem Freunde bey einem Unfalle, den er sich durch seine eigene Unbesonnenheit zugezogen, zu sagen:

Wider meinen Sinn geschah's und gegen mein Rathen.**

In welchen Fällen aber darf denn nun der Freund heftig seyn, und wenn muß er freymüthig reden? Alsdann, wenn die Umstände ihn auffordern, der Neigung zur Wollust, zum Zorne, zum Schmähen Einhalt zu thun, oder den Geiz

---

* In der Rede für die Krone, Kap. 58.
** Iliade G. 9, v. 108 f.

zu ersticken, oder sonst einer thörichten Gewohnheit entgegenzuarbeiten. So bediente sich Solon der Freymüthigkeit gegen den Krösus, der von dem unbeständigen Glücke äusserst verdorben und verzärtelt war, und ermahnte ihn, auf das Ende zu sehen [67]. So dämpfte Sokrates die Hitze des Alcibiades, preßte ihm durch seine Vorstellungen Thränen aus, und kehrte sein Herz um [68]. So machte Kyrus mit dem Kyaxares [69], und Plato mit dem Dion, da er diesen, der sich durch seine herrlichen Thaten den glänzendsten Ruhm erworben und aller Augen auf sich gezogen hatte, vor dem Laster der Selbstgefälligkeit warnte, als welches immer mit der Einsamkeit zusammen wohne.* [70] Auch Speusippus [71] schrieb an den Dion, er sollte sich nicht darauf viel einbilden, daß unter Kindern und Weibern von ihm gesprochen würde, sondern dahin sehen, wie er Sicilien mit Rechtschaffenheit, Gerechtigkeit und den besten Gesetzen schmücken und der Akademie Ehre machen möchte. Euktus und Euläus hingegen, zween Vertraute des Perseus** [72], waren, so lange es diesem glücklich gieng, in ihrem Umgange stets gefällig gegen ihn, sie gaben ihm in allen Dingen Recht, und hiengen an ihm, wie die übrigen. Als er aber von den Römern bey Pydna in einem Treffen geschlagen wurde, und sich auf die Flucht begeben mußte, so griffen sie ihn mit den bittersten Vorwürfen an, und hielten ihm auf eine höhnische Art alle seine begangenen Fehler und Nachläßigkeiten vor, bis er endlich beyde, von Schmerz und Zorn angetrieben, mit dem Dolche erstach.

So weit läßt es sich überhaupt bestimmen, wenn man freymüthig reden darf. Indessen muß ein sorgfältiger Freund

* D. i. durch welches Laster man sich aller wahren Freunde beraube, so daß niemand mit uns umgehen will.
** Des letzten macedonischen Königs.

auch alle Gelegenheiten, die ihm oft der andere selbst an die Hand giebt, nicht ungenutzt vorbeystreichen lassen. Eine Frage, eine Erzählung, das Lob oder der Tadel ähnlicher Dinge an andern kann zuweilen Anlaß geben, dem Freunde die Wahrheit zu sagen. Einen solchen Fall erzählt man von Demaratus [73]. Dieser kam eben damals von Korinth nach Macedonien, als Philippus mit seiner Gemahlin und seinem Sohne in Uneinigkeit lebte. Philippus empfieng ihn sehr liebreich, und fragte ihn, ob die Griechen unter einander einträchtig lebten? Demaratus, der ihm sehr ergeben, und genau mit ihm bekannt war, antwortete: «Dir steht es nun freylich schön, Philippus, daß du nach der Eintracht der Athener und Peloponnesier fragst, und es nicht inne wirst, daß dein eignes Haus voll Zwiespalt und Uneinigkeit ist.» Eben so fein machte es auch Diogenes. Er gieng in das Lager des Philippus, der die Griechen angreifen wollte, wurde vor ihn geführt, und da ihn dieser nicht kannte, gefragt, ob er ein Spion sey? «Freylich, antwortete er, bin ich ein Spion von deiner Thorheit und Unbesonnenheit, daß du aus freyem Willen in einer Stunde dein Leben und dein Reich aufs Spiel setzen willst.» Doch war dies vielleicht auch etwas zu hart.

Eine andere Gelegenheit, dem Freunde die Wahrheit zu sagen, ist, wenn ihn die Vorwürfe Anderer wegen seiner Fehler traurig und niedergeschlagen gemacht haben. Ein kluger Mann kann sich dieser Gelegenheit am schicklichsten so bedienen, daß er die Lästerer widerlegt, und ihnen das Maul stopft; dann aber sich besonders an seinen Freund wendet, und ihm vorstellt, wie er, wenn auch sonst um weiter nichts, doch wenigstens deswegen vorsichtiger seyn müsse, damit seine Feinde nicht so unverschämt seyn dürfen. Wie können sie, wird er sagen, es wagen, den Mund zu öffnen oder gar

dich zu schmähen, wenn du alles das unterläßest und vermei-
dest, was ihnen zum Lästern Stoff geben kann. Auf solche
Weise ist das Beleidigende auf Seiten des Lästerers, das
Nützliche aber auf Seiten des ermahnenden Freundes. Einige
pflegen ihre Freunde auf eine noch feinere Art zurechtzuwei-
sen. Sie tadeln andere und legen diesen das zur Last, wovon
sie wissen, daß es jene thun. So ließ Ammonius [74], mein
Lehrer, bey einer abendlichen Zusammenkunft, da er
merkte, daß einige seiner Schüler mit einer einfachen Kost
nicht zufrieden waren, seinem eignen Sohne von einem Frey-
gelassenen Schläge geben, aus dem Grunde, weil er bey jeder Mahlzeit Eßig haben wollte, und sahe zugleich uns an,
so daß die Schuldigen sich von diesem Verweise betroffen
fanden.

Ferner muß man sich auch in Acht nehmen, daß man
nicht mit seinem Freunde in Gegenwart vieler andern freymüthig rede, und jene Worte des Plato stets in Gedanken haben. Als nemlich Sokrates bey einem Tischgespräch einen Bekannten sehr hart anfuhr, so sagte Plato zu ihm: Wäre es
nicht besser, du hättest ihm dies allein gesagt? Sokrates aber
erwiederte: Thätest du nicht auch besser, wenn du mir das allein sagtest? So erzählt man auch, daß ein junger Mensch,
der vom Pythagoras vor einer großen Gesellschaft sehr übel
angelassen worden, sich darüber erhängt, und Pythagoras von
der Zeit an Keinen wieder in eines andern Gegenwart bestraft habe. Ein Fehler muß wie eine schändliche Krankheit
nur insgeheim, nicht aber mit feyerlichem Gepränge oder vor
einer Versammlung von Zeugen und Zuschauern gerügt und
entdeckt werden. Denn es schickt sich wohl für einen Sophi-
sten, nicht aber für einen Freund, in den Vergehungen Anderer Ruhm zu suchen, und sich damit vor den Anwesenden

zu brüsten, gleich den Ärzten, die, um viele Kunden zu bekommen, ihre Geschicklichkeit auf öffentlichen Plätzen zeigen.

Die Beleidigung abgerechnet, die überhaupt bey keiner Kur seyn darf, muß man auch noch die Größe und Hartnäkkigkeit des Lasters in Betrachtung ziehen. Denn nicht allein die Liebe wird nach dem Ausspruch des Euripides, durch das Abmahnen immer heftiger [75]*, sondern auch ein jedes Laster, eine jede Leidenschaft artet, wenn man sie ohne Schonung in Gegenwart Vieler bestraft, zuletzt in Unverschämtheit aus. Plato verlangt von den Alten, selbst gegen junge Leute schamhaft zu seyn, wenn sie diesen Schamhaftigkeit einflößen wollen* [76]*. Eben so muß auch der Freund bey seiner Freymüthigkeit schamhaft seyn, und sich mit seinen Verweisen dem Fehlenden allmählich und behutsam nähern; dadurch wird er ihn ebenfalls schamhaft machen, und das Laster nach und nach untergraben und vertilgen, weil er sich vor demjenigen schämen muß, der sich vor ihm schämt. Daher enthält folgender Vers eine trefliche Erinnerung:*

Und sprach leise zu ihr, damit es die andern nicht hörten. *

Am wenigsten schickt es sich, einem Manne in Gegenwart der Frau, einem Vater vor den Kindern, einem Liebhaber vor der Geliebten, oder einem Lehrer vor den Schülern seine Fehler vorzurücken. Denn Schmerz und Zorn bringt uns aus aller Fassung, wenn wir in Gegenwart derer getadelt werden, vor welchen wir uns ein Ansehen geben wollen. Ich glaube auch, daß nicht sowohl die Trunkenheit den Alexander über die Vorwürfe des Klitus erbitterte, als vielmehr, weil sie ihm in Gegenwart so vieler Anderer gemacht wurden [77]*.*

* Odyßee G. 1, v. 157 f.

83

Und Aristomenes, der Lehrmeister des Ptolemäus*, gab dadurch, daß er den König, der bey einer Audienz eingeschlafen war, aufweckte und bestrafte, den Schmeichlern Gelegenheit, ihn zu stürzen. Sie stellten sich, als wenn sie über diese Behandlung des Königs unwillig wären und sagten: Wenn du auch nach so vielem Arbeiten und Wachen einschliefest, so hätte man es dir insgeheim verweisen, nicht aber vor so vielen Leuten Hand an dich legen sollen. Die Folge davon war, daß Ptolemäus einen Becher voll Gift dem Aristomenes zuschickte, und ihm denselben auszutrinken befahl. So legt auch Aristophanes dies dem Kleon [78] zur Last, daß er in Beyseyn vieler Fremden schlecht vom Staate sprach [79] und die Athener dadurch zum Zorn reizte. Demnach muß man sich vor diesem Fehler so sehr, wie vor den übrigen, in Acht nehmen, daß man nicht zur Unzeit seine Größe zu zeigen, oder sich in Ansehen zu setzen suche, sondern nur dann von der Freymüthigkeit Gebrauch mache, wenn wir dem Freunde nützlich seyn oder ihn heilen können.

Was beym Thukydides** die Korinthier zu ihrem Ruhme von sich selbst sagen, daß sie würdig wären, Andere zu tadeln, das sollte bey einem jeden, der gegen Andere freymüthig seyn will, statt finden. Man erzählt vom Lysander [80], daß er einst zu dem megarischen Abgeordneten, der in der Versammlung der Bundsgenossen sehr frey für Griechenland redete, gesagt habe: Deine Rede erfordert nur einen Staat.*** Aber die Freymüthigkeit erfordert bey einem jeden einen rechtschaffenen Charakter; und das gilt am meisten von de-

---

* Mit dem Zunamen Epiphanes.
** «Der peloponnesische Krieg», B. 1, Kap. 70.
*** D. i. Deiner Rede fehlt weiter nichts als ein Staat, der Macht genug hat, dies alles auszuführen.

nen, die andere tadeln und tugendhaft machen wollen. So sagte Plato, daß er durch seinen Lebenswandel den Speusippus bessere; und so hat auch Xenokrates[81] den Polemon blos dadurch, daß er beym Hineintreten in die Schule einen Blick auf ihn warf, umgekehrt und geändert. Läßt hingegen ein lasterhafter und leichtfertiger Mensch sich einfallen, Andern ihre Fehler vorzuhalten, so muß er immer der Antwort gewärtig seyn:

Du bist der andern Arzt, und selbst Geschwüre voll[82].

Jedoch da die Umstände uns zuweilen nöthigen, unsern Freund wegen eben der Fehler, die wir selbst an uns haben, zu bestrafen, so kann dies wohl am füglichsten geschehen, wenn wir bey dem Tadel uns selbst auf irgend eine Art mit anklagen und bestrafen. So sagt zum Beyspiel Homer:

Tydeus Sohn, was sollen wir leiden aus Mangel der Kühnheit?*

Imgleichen:

– – – Nun weichen wir alle dem einzigen Hektor.**

Auch Sokrates brachte auf diese Art junge Leute nach und nach zur Überzeugung, daß er sich stellte, als wenn er selbst nicht von Unwissenheit frey wäre, sondern sich noch mit ihnen in der Tugend üben und die Wahrheit suchen müsse. Denn derjenige erwirbt sich allemal Liebe und Zutrauen, der den nemlichen Fehler an sich hat, und nicht allein seine Freunde, sondern auch sich selbst zu bessern scheint. Wer

* Iliade G. 11, v. 313.
** Iliade G. 8, v. 234 f.

85

hingegen bey Bestrafung des Andern sich eine stolze Miene giebt, als ob er von allen Fehlern und Leidenschaften frey sey, der zieht sich, wenn er nicht an Jahren viel älter ist und durchgängig für einen tugendhaften und angesehenen Mann gehalten wird, Haß und Feindschaft zu, ohne den geringsten Nutzen zu schaffen. Daher that auch Phönix nicht unrecht, daß er (in jener Ermahnungsrede an den Achilles) sein eignes Verbrechen nicht verschwieg, wie er im Zorne seinen Vater ermorden wollen, sich aber gleich eines bessern besonnen habe, aus Furcht,

daß die Achäer würden Vatermörder ihn nennen, *

um nicht, da er dem Achilles zureden wollte, von der Leiden-schaft des Zorns und andern Fehlern frey zu scheinen. Eine solche Ermahnung wirkt allemal auf unser Herz, und man giebt denjenigen gar gerne Gehör, die in den Leidenschaften uns gleich zu seyn, nicht aber uns zu verachten scheinen.

So wenig man ein blendendes Licht zu einem entzündeten Auge bringen darf, eben so wenig verträgt eine von Leiden-schaften beherrschte Seele eine nackte und unvermischte Be-strafung. Es ist demnach eins der wirksamsten Hülfsmittel, wenn man ein kleines Lob damit verbindet, wie zum Bey-spiel in folgendem:

Nein euch ziemet es nicht, der stürmenden Kraft zu vergessen,
Denn ihr seyd die Besten des Heeres. Keinen Schwachen

---

* Die Ermahnung des Phönix steht in dem 9ten G. der Iliade v. 461 u. ff. Der angeführte Vers aber nebst einigen andern ist vom Aristarch herausgenommen worden, wie Plutarch selbst in der Ab-handlung vom Lesen der Dichter S. 44 erinnert hat.

Werd ich schelten, welcher anizt des Treffens sich weigert;
Desto eifriger bin ich auf euch von Herzen erzürnet. *

Imgleichen:

Pandaros, wo ist dein Bogen? die fliegenden Pfeile
Wo? und wo dein Ruhm, den du mit Keinem hier
theilest? **

Eben so nachdrücklich sind auch folgende Ermahnungen, um
den zurückzurufen, der sich dem Laster ergeben will:

Wo ist nun Oedipus? wo jenes Rätzels Ruhm? *** [83]

Und:

So redet Herkules, der nie sich schrecken ließ? [84]

Ein solches Lob benimmt nicht allein dem Tadel den harten
und gebietrischen Ton, sondern erweckt auch in dem Andern
einen Wetteifer mit sich selbst, daß er nun, bey der Erinne-
rung an seine lobenswürdigen Thaten, sich der schändlichen
schämt, und im Guten sich selbst zum Muster nimmt. Ver-
gleicht man ihn aber mit Andern, etwa mit seines gleichen,
mit Verwandten oder Mitbürgern, so wird er dadurch nur er-
bittert, und in dem Laster immer verstockter; ja oft pflegt er
wohl gar im Zorne zu antworten: Warum gehst du nun
nicht zu jenen, die besser sind, als ich, und lässest mich in
Ruhe.

Eben deswegen muß man auch sehr vorsichtig seyn, daß
man nie bey der Bestrafung des Freundes zu gleicher Zeit ei-

---

* Iliade G. 13, v. 116–119.
** Iliade G. 5, v. 171 f.
*** Des bekannten Rätzels, welches die Sphinx aufgab.

nen andern lobe, ausgenommen, wenn es dessen Eltern sind. So machte es Agamemnon:

Wenig gleichet der Tydeide seinem Vater.*

Und Ulyßes sagt in den Skyriern:**

O wie verlöschest du hier deines Adels Glanz!
Du spinnst? O Schande! Du des besten Griechen Sohn!

Am wenigsten aber dürfen wir, wenn Andere uns freymüthig bestrafen, ihnen gleich die Bestrafung wieder zurückgeben. Denn dadurch entsteht leicht Haß und Feindschaft, und überhaupt glaubt man bey einem solchen Gezänke nicht, daß wir die Freymüthigkeit erwiedern, sondern daß wir sie nicht vertragen wollen. Es ist also besser, die Verweise des Freundes gelassen anzuhören. Wenn er dann in der Folge selbst fehlet, und einer Bestrafung bedarf, so giebt er uns durch die bewiesene Freymüthigkeit gleichsam ein Recht, auch freymüthig zu seyn. Man erinnere ihn nur, ohne einer Beleidigung zu gedenken, daß er selbst an seinen Freunden die Fehler nicht zu übersehen pflege, sondern sie allemal rüge und bestrafe: so wird er desto eher nachgeben, und die Zurechtweisung annehmen, weil sie aus Freundschaft und Liebe,

* Iliade G. 5, v. 800. Plutarch begeht hier einen Gedächtnißfehler, indem er das dem Agamemnon zuschreibt, was Minerva sagt.
** Euripides sowohl als Sophokles hat eine Tragödie dieses Namens hinterlassen. Aus welcher von beyden diese Verse genommen sind, läßt sich nicht bestimmen, da sie beyde verloren gegangen. Die Geschichte ist bekannt, daß Achilles von seiner Mutter in der Insel Skyros unter den Frauenzimmern des Königs war versteckt worden, um ihn nicht mit in den trojanischen Krieg ziehen zu lassen; daß er aber von dem in einen Kaufmann verkleideten Ulyßes daran erkannt wurde, daß er zuerst nach den Waffen griff.

nicht aber aus Zorn und Begierde, den Tadel zu vergelten,
herzurühren scheint.

Thukydides* sagt: derjenige handele nicht unvernünftig,
der sich durch große und wichtige Dinge Neid zuziehe. So
muß sich auch der Freund nur wegen wichtiger und vielbe-
deutender Dinge dem Verdruße, der eine natürliche Folge der
Freymüthigkeit ist, aussetzen. Wer ohne Aufhören alles ta-
delt, und nicht wie ein Freund, sondern wie ein Zuchtmeister
mit dem Freunde umgeht, der macht dadurch seine Ermah-
nungen stumpf und unwirksam, und mißbraucht die Frey-
müthigkeit, gleich einem Arzte, der eine scharfe, bittere, aber
sehr heilsame und kostbare Arzeney in vielen geringen und
unbedeutenden Fällen verwendet. Man muß daher selbst so
viel als möglich das beständige Tadeln zu vermeiden suchen;
dann wird man, wenn der andere alles auf das genaueste
nimmt, und übel auslegt, ihm bey wichtigern Dingen desto
besser die Wahrheit zu sagen Gelegenheit haben. Der Arzt
Philotimus sagte zu einem Menschen, der mit einem Lun-
gengeschwür behaftet war, und ihn wegen eines Fingerge-
schwürs um Rath fragte: Bey dir, mein Freund, ist keine
Rede vom Riedhacken. Also findet auch der Freund oft Gele-
genheit, dem, der immer bey geringen und nichtswürdigen
Dingen etwas zu tadeln hat, zu antworten: Diese Scherze,
Schmausereyen und Possen sind gar nicht der Rede werth;
wenn du doch, mein Freund, die Hure fortjagtest, und dich
von der Spielsucht losmachtest; du bist ja sonst ein so guter
und braver Mann. Denn wer in kleinen Dingen Nachsicht
erlangt, der verträgt auch gerne in wichtigern die Freymü-
thigkeit des Freundes. Wer hingegen immer murret, in allen
Fällen bitter und widrig ist, und aus Vorwitz alles wissen

---

* «Der peloponnesische Krieg», B. 2, Kap. 64.

will, der ist seinen Kindern, seinen Geschwistern, ja selbst seinem Gesinde unerträglich.

Weil weder, wie Euripides* sagt, mit dem Alter, noch auch mit der Thorheit der Freunde alles mögliche Böse verbunden ist, so müssen wir nicht allein auf die Fehler derselben, sondern eben so sehr auch auf ihre gute Handlungen Acht haben. Anfänglich muß man den Freund auf eine ungezwungene Weise loben, und, wenn er dann durch das Lob aufgeheitert und erhitzt worden, nach und nach die Freymüthigkeit anbringen; so wie das Eisen erst im Feuer ausgedehnt und erweicht, dann aber durch die Abkühlung wieder verdichtet und gehärtet wird. So findet sich bald Gelegenheit ihm zu sagen: Ist das wohl werth, mit jenem verglichen zu werden? Siehst du, was die Tugend für herrliche Früchte bringt? Dies verlangen deine Freunde von dir; dies schickt sich für dich; dazu bist du gebohren; jenes aber must du weit von dir verbannen,

> *– – – – über Berge es tragen*
> *Oder in die Wogen des lautaufbrausenden Meeres.***

Gleichwie ein gefälliger Arzt lieber durch Schlaf und stärkende Speisen, als durch Bibergeil oder Purganzen, den Kranken von seinem Übel befreyt; eben so wird sich auch ein billigdenkender Freund, ein rechtschaffener Vater oder Lehrer weit lieber des Lobes als des Tadels zur Besserung des Charakters bedienen wollen. Denn es giebt sonst nichts, was die Freymüthigkeit weniger beleidigend und zugleich heilsamer machen könnte, als wenn man den Fehlenden höflich und liebreich, und so wenig als möglich im Zorne behandelt.

---

* In den Phönissen, v. 528 f.
** Iliade G. 6, v. 347 f.

Aus dieser Ursache darf man auch den Freund, wenn er die Sache läugnet, nicht mit der größten Strenge überführen, noch ihm die Vertheidigung verwehren; man muß ihm vielmehr scheinbare Entschuldigungen erfinden helfen, und wenn er die schändlichere Ursache von sich abzulehnen sucht, selbst eine anständigere an die Hand geben. So sagte Hektor zu seinem Bruder:

Unglückseliger Paris, dein Vaterland also zu hassen! *

indem er dessen Entweichung aus der Schlacht nicht eine Flucht oder Furchtsamkeit, sondern einen Haß gegen das Vaterland nannte. So sagt auch Nestor zum Agamemnon:

Deinem übermüthigen Herzen folgtest du – **

Es ist, wie ich glaube, allemal weit höflicher, zu sagen, du warest unachtsam, du hattest keine Kenntniß davon, als, du hast unrecht gethan, du hast schändlich gehandelt; höflicher auch, eifre nicht mit deinem Bruder um die Wette, als, sey nicht neidisch gegen deinen Bruder; und, fliehe das Weib, das dich verführt, als, höre auf, das Weib zu verführen.

*So verfährt die heilende*** Freymüthigkeit; die thätige aber thut gerade das Gegentheil davon. Will man einen Menschen von einer Vergehung abhalten, oder dem Ausbruche einer heftigen Begierde widerstehen, oder den, der zum Guten träge ist, anreizen und aufmuntern, so muß man nur die Sache von einer schändlichen und unanständigen Ursache ableiten. So sagt, in einer Tragödie des Sophokles, Ulyßes*

---

* Iliade G. 6, v. 326.

** Iliade G. 9, v. 110.

*** Unter der heilenden Freymüthigkeit versteht Plutarch die, welche die einmal begangenen Fehler wieder gut zu machen sucht; unter der thätigen, die den künftigen Fehlern vorzubeugen sucht.

*zum Achilles, um seine Ehrbegierde zu reizen, er sey gar
nicht wegen des Gastmahls aufgebracht,*

Du fürchtest dich, weil du der Troer Mauern siehst [85].

*Er setzt dann, da Achilles noch mehr darüber aufgebracht
wird, und fortzuschiffen droht, hinzu:*

Ich weiß, warum du fliehst, nicht weil man dich beschimpft,
Nein, Hektor nähert sich, hier bleiben ist nicht gut.

*Also kann man auch den Feurigen und Tapfern durch den
Vorwurf der Feigheit, den Mäßigen und Tugendhaften durch
die Lüderlichkeit, den Freygebigen und Großmüthigen durch
die Kargheit und Geldsucht, zum Guten anreizen und vom
Bösen abschrecken. Schlägt dieses Mittel nicht an, so muß
man mit Mäßigung zu Werke gehen, und bey der Freymüthigkeit mehr Bedaurung und Mitleid, als Tadel zeigen; hingegen bey Bestrafung wirklicher Fehler und Bekämpfung der
Leidenschaften, hart, unerbittlich und unabläßig seyn. Denn
eben hier ist unverzärtelte Freundschaft und ächte Freymüthigkeit am ersten nöthig.*

*Indessen sieht man, daß auch Feinde einander wegen ih-
rer Handlungen zu tadeln pflegen. Daher sagte Diogenes:
«Wer dem Verderben entgehen will, muß treue Freunde,
oder erbitterte Feinde haben; jene belehren, diese schelten
ihn.» Aber freylich ist es besser, durch Befolgung des freund-
schaftlichen Rathes die Fehler gar zu vermeiden, als durch
Lästerungen zur Bereuung der begangenen Fehler gebracht
zu werden. Sonach muß man alle Klugheit und Kunst bey
der Freymüthigkeit anwenden, da sie in der Freundschaft die
beste und vortrefflichste Arzeney ist, und jederzeit eine
schickliche Gelegenheit und gehörige Mischung erfordert.*

Ich habe schon oben bemerkt, daß die Freymüthigkeit in vielen Fällen dem, der dadurch soll geheilet werden, widrig und unangenehm ist. Man ahme also hierinnen den Ärzten nach. Diese überlassen, wenn sie einen Schnitt thun, den leidenden Theil nicht dem Schmerze, sondern bestreichen ihn mit lindernden Salben. So müssen auch diejenigen, die andere auf eine höfliche Art tadeln, nicht davon gehen, wenn sie die bittere und beißende Arzeney angebracht haben, sondern jene durch liebreiche Reden und Gespräche wieder besänftigen und aufheitern, gleich den Steinmetzen, die die behauenen Theile der Bildsäule wieder poliren und gleichmachen. Verläßt man aber den durch die Freymüthigkeit verwundeten und zerschlagenen Freund, so rauh, geschwollen und uneben er vor Zorn geworden ist, so hält es hernach schwer, ihn wieder zu trösten und zurechtzubringen. Aus dieser Ursache muß man sich bey der freymüthigen Bestrafung davor am allermeisten in Acht nehmen, daß man nie mit dem, was den Freund kränkt oder erbittert, die Unterredung abbricht.

ERGÄNZENDE ANMERKUNGEN

von Alessandra Lukinovich und Madeleine Rousset

(Für die Textstellen verweisen wir auf die Fussnoten von Kaltwasser, die wir berichtigt haben, wo es notwendig war.)

[1] Platon, *Gesetze*, 5, 731 e.

[2] Platon, *Gesetze*, 5, 730 c.

[3] Simonides von Keos, Lyriker, lebte in der 2. Hälfte des 6. Jhd. und der 1. Hälfte des 5. Jhd. v. Chr. Das Gedicht, woraus dieses Zitat stammt, ist nicht bekannt. Statt «die Ölflasche» sollte es eigentlich «die Insel Zakynthos» heissen, die, wie die meisten Inseln, für Pferdezucht ungeeignet ist. Kaltwasser hat eine falsche Lesart übersetzt.

[4] Hesiod, *Theogonie*, v. 64.

[5] Euripides, *Ion*, v. 732.

[6] Euenos von Paros, Sophist und Autor didaktischer Verse, Zeitgenosse von Sokrates.

[7] Alexandros von Pherai in Thessalien, Tyrann von 369 bis 358 v. Chr. Er versuchte mehrmals, die andern Städte von Thessalien zu unterwerfen. Diese riefen die Thebaner zur Hilfe. Er wurde von Pelopidas in Kynoskephalai 364 v. Chr. besiegt. 358 v. Chr. ermordeten ihn die Brüder seiner Gattin auf deren Veranlassung im Schlaf. Plutarch beschreibt ihn im *Leben Pelopidas'* als besonders grausam.

[8] Zitat aus *Die Schmeichler*, Komödie von Eupolis (5. Jhd. v. Chr.), heute verschollen.

[9] Von den Komödiendichtern verwendeter Ausdruck, um das ungeduldige Warten der Schmarotzer und Esslustigen vor der Mahlzeit zu beschreiben.

[10] Platon, *Staat*, 2, 361 a.

[11] Vers aus einer unbekannten Tragödie.

[12] Vers aus einer unbekannten Tragödie, evtl. einer verschollenen Tragödie von Sophokles.

94

[13] Platon, *Phaidros,* 239 d.

[14] Verse eines unbekannten Tragödien- oder Komödiendichters.

[15] Diese Art, sich fangen zu lassen, wird im allgemeinen mit der Waldohreule (Asio otus) in Verbindung gebracht.

[16] Es handelt sich hier um Dionysios II., der 367 v. Chr. seinem Vater Dionysios I. als Tyrann von Syrakus nachfolgte. Dion, der einflussreiche Onkel mütterlicherseits von Dionysios II. und leidenschaftlicher Verehrer von Platon, liess den Philosophen 366 v. Chr. an den Hof von Syrakus kommen. Platon hatte sich schon 388 v. Chr., zur Regierungszeit Dionysios' I., dort aufgehalten.

Die Beziehung zwischen Platon und Dionysios II. gestaltete sich allerdings recht schwierig, vor allem nachdem Dionysios im gleichen Jahr 366 v. Chr. Dion des Verrats bezichtigte und ins Exil schickte. Platon verliess den Hof, fuhr aber einige Jahre später, auf dringende Einladung des Tyrannen, ein drittes Mal nach Syrakus. Dieser dritte Aufenthalt endete mit einem Misserfolg, und der Philosoph reiste ab, ohne die gewünschte Versöhnung zwischen Dionysios und Dion zustande gebracht zu haben. Dion kehrte schliesslich 357 v. Chr. nach Syrakus zurück, stürzte Dionysios mittels eines Volksaufstandes und übernahm die Macht.

Plutarch schrieb das *Leben Dions,* parallel zum *Leben Brutus'.*

[17] Epaminondas, der berühmte General von Theben des 4. Jhd. v. Chr., und Agesilaos, König von Sparta, sein Gegner. Plutarch hat das *Leben Epaminondas'* und das *Leben Agesilaos'* geschrieben, wovon ersteres nicht überliefert ist.

[18] Es handelt sich wahrscheinlich um Samos, einen Kindheitsfreund von Philipp V., König von Makedonien, der von 221 bis 179 v. Chr. regierte, die Römer bekämpfte und von Flamininus bei Kynoskephalai 197 v. Chr. besiegt wurde. Man weiss von Polybios, dass Philipp Samos töten liess.

[19] Kleomenes, König von Sparta im 3. Jhd. v. Chr., versuchte, den alten Glanz seiner Stadt wieder aufleben zu lassen. Von den Makedoniern geschlagen, floh er nach Ägypten. Seine Schwierigkeiten mit dem jungen König Ptolemäus IV. Philopator und seine ruhmvolle Selbsttötung werden von Plutarch im *Leben Kleomenes'* beschrieben.

[20] Diese beiden Jamben könnten aus einer Komödie stammen. Vielleicht handelt es sich auch um ein *gríphos,* ein Rätsel.

[21] Wahrscheinlich ein weiteres Zitat aus *Die Schmeichler* von Eupolis, vgl. Anm. 8.

[22] Zitat aus dem ersten Buch der *Ursachen (Aitia)* des hellenischen Dichters Kallimachos (3. Jhd. v. Chr.).

[23] Die Philosophen Arkesilaos von Pitane und Kleanthes von Assos leiteten die Akademie bzw. die Stoa Mitte des 3. Jhd. v. Chr. Baton ist ein Komödiendichter, von welchem einige Fragmente überliefert sind.

[24] Vgl. Platon, *Staat,* 5, 474 de.

[25] Wahrscheinlich denkt Plutarch hier an Dionysios I., Tyrann von Syrakus von 405 bis 367 v. Chr.

[26] Tyrann von Agrigent von 570 bis 554 v. Chr.

[27] Ptolemäus IV. Philopator, König von Ägypten von 221 bis 204 v. Chr., fanatischer Bewunderer von Dionysios (vgl. Plutarch, *Leben Kleomenes',* 33).

[28] Der Schmarotzer Struthias und der Soldat Bias sind Personen einer Komödie von Menander (Ende 4. Jhd. v. Chr.) mit dem Titel *Der Schmeichler,* von welcher mehrere Fragmente überliefert sind. Die Stelle, die Kaltwasser, wie er in der Fussnote vermerkt, ausgelassen hat, heisst richtig gelesen: «Ich lache, da ich an die Geschichte des Kyprioten denke», und ist wahrscheinlich eine Anspielung an die Beschimpfung «Du bist ein kypriotischer Ochse», mit andern Worten «Du bist ein Sch...-Fresser». Die kypriotischen Ochsen waren bekannt dafür, dass sie sich von Exkrementen ernährten.

[29] Anspielung an den zu Plutarchs Zeiten traditionellen Antagonismus zwischen rhetorischer und philosophischer Schule.

[30] Mithridates VI. Eupator, genannt der Grosse, König von Pontus von 120 bis 63 v. Chr., der berühmte Gegner Roms.

[31] Diese Formulierung benützte Euripides mehrmals in Tragödien-Schlüssen.

[32] Vers aus einer unbekannten Tragödie.

[33] Der Maler Apelles (4. Jhd. v. Chr.), der in Ephesos lebte, schuf ein Porträt von Megabyzos im Prunkgewand.

[34] Wörtlich «Melos-Erde»: weisse Töpfererde, welche die Maler benützten, um den Farben mehr Glanz und mehr Festigkeit zu geben; sie wurde auch als Pigment verwendet. Vgl. das «melinum», das Plinius der Ältere in seiner *Naturkunde* 25, 19 (37), beschreibt.

[35] Karneades von Kyrene, Philosoph des 2. Jhd. v. Chr., war Vorsteher der Akademie. Er ist vor allem bekannt für seine Kenntnislehre, die Urteilsenthaltung fordert.

[36] Bion von Borysthenes, Kyniker und Rhetoriker des 3. Jhd. v. Chr.

[37] Der falsche Herakles – Pseudo-Herakles – ist die Hauptperson einer Komödie von Menander, von der noch einige Verse erhalten sind.

[38] Agis von Argos ist nur als Schmarotzer und Schmeichler Alexanders des Grossen bekannt.

[39] Durchtriebene und groteske mythische Figuren. Sie bemächtigten sich der Waffen des schlafenden Herakles. Der Held strafte sie, liess sie dann aber, von ihren Scherzen besänftigt, laufen.

[40] Nicht mit Sicherheit zu identifizierende Person.

[41] Der Vertraute und «elegantiae arbiter» des Kaisers Nero, von dem Tacitus in seinen Annalen, 16, 17–19, berichtet. Man identifiziert ihn im allgemeinen mit Petronius Arbiter (Petron), dem Autor des *Satyricon*.

[42] Diese Worte richtete Achilles an den toten Patroklos in den *Myrmidonen*, einer Tragödie von Aischylos, von der einige Fragmente überliefert sind.

[43] Bias von Priene (6. Jhd. v. Chr.), einer der Sieben Weisen.

[44] Euripides, *Die Phönikerinnen*, v. 472 (vgl. auch v. 469–472).

[45] Nicht identifizierter Autor, evtl. Menander.

[46] Verse von Euripides aus einer nicht erhaltenen Tragödie.

[47] Plutarch bezieht sich in seinen Moralischen Abhandlungen mehrmals auf die tragische Rolle von Merope und die «mannhaften» Äus-

serungen, die sie im *Kresphontes* von Euripides bekundet, einem Drama, von dem nur noch einige Fragmente geblieben sind.

Hyginus erzählt in seinen Fabeln wie Merope, Gattin des Herakliden Kresphontes, König von Messenien, gezwungen worden war, den Mörder ihres Mannes und ihrer Kinder zu heiraten und wie sie irrtümlich fast ihren einzigen überlebenden Sohn tötete, obwohl dieser sie rächen wollte.

Die drei zitierten Verse stehen auch in einem berühmten Monolog des Erechteus von Euripides, der bei Stobaios erhalten ist. Man hat angenommen, dass Plutarch hier, aus dem Gedächtnis zitierend, ein Irrtum unterlaufen ist, aber dies ist nur eine Hypothese.

[48] Vgl. Anm. 23.

[49] Ein Vers aus dem Lehrgedicht *Über die Natur* des Philosophen Empedokles von Agrigent, der im 5. Jhd. v. Chr. gelebt hat.

[50] Hesiod, *Werke und Tage*, v. 235.

[51] Eine sehr ähnliche Anekdote wird in der aristotelischen *Ökonomik*, 1347 b, 16–19, erzählt, wo die Nutzniesser der Gefälligkeit die Exilierten der Insel Samos sind.

[52] Vgl. Euripides, *Iphigenie in Aulis*, v. 407. Euripides wird nicht wortgetreu zitiert. Plutarch vermischt hier wahrscheinlich den Vers von Euripides in seiner Erinnerung mit dem berühmten Vers aus der *Antigone* von Sophokles, zitiert S. 37.

[53] Im *Leben Phokions* hebt Plutarch die Gerechtigkeit und die Offenheit im Reden dieses Athener Strategen hervor, ein gemässigter Politiker, der eine Vermittlerrolle zwischen Athen und Antipatros, dem Regenten Makedoniens, spielte. Im Jahr 322 v. Chr. zwang letzterer die revoltierenden Athener zur Kapitulation und drängte ihnen die Einführung einer timokratischen Verfassung und die Präsenz einer makedonischen Garnison auf.

331 v. Chr. hatte Antipatros schon die Revolte der Lakedämoner gegen Alexander niedergeschlagen und diese in der Nähe von Megalopolis besiegt.

[54] Plutarch zitiert diesen Vers aus einem heute verlorenen Gedicht von Pindar auch im Prolog seines *Leben Nikias'*.

[55] Plutarch hat den lyrischen Dichter Simonides schon zu Beginn der Abhandlung zitiert. Der Vers stammt aus einem heute verlorenen Gedicht.

[56] Es ist schwierig festzustellen, ob Plutarch hier an eine bestimmte Komödie denkt oder nur an einen Typus des komischen Fachs.

[57] Hyperides (4. Jhd. v. Chr.), anti-makedonischer Redner, berühmt auch, weil er einen Freispruch der wegen Gottlosigkeit angeklagten Hetäre Phryne erzielte, indem er vor dem Richter ihren Busen entblösste.

[58] Epicharm, Dorier aus Sizilien, Komödiendichter von Anfang des 5. Jhd. v. Chr. Er lebte in Syrakus unter dem Tyrannen Hiero.

[59] Es handelt sich um den Tragödiendichter Antiphon, Zeitgenosse von Dionysios I. von Syrakus. Die ihn betreffenden Anekdoten werden oft Antiphon von Rhamnus, dem attischen Redner, zugeschrieben.

[60] Timagenes von Alexandrien, Rheoriker und Historiker zur Zeit Augustus'; er war als Kriegsgefangener nach Rom gekommen.

[61] Vers aus einem heute verlorenen Gedicht.

[62] Euripides, *Orestes*, v. 667.

[63] Vgl. Xenophon, *Anabasis*, 2, 6, 11.

[64] Demetrios von Phaleron, Politiker und Peripatetiker. Als Freund Makedoniens regierte er Athen von 317 bis 307 v. Chr. Nachdem er die Macht verloren hatte, floh er erst nach Theben, dann nach Ägypten, wo er starb.

[65] Krates von Theben, Philosoph, Schüler von Diogenes dem Kyniker.

[66] Diese Verse stammen aus einer Tragödie von Euripides, die heute verloren ist.

[67] Vgl. Herodot, *Historien*, 1, 30. Der Dialog zwischen Solon und Kroisos wurde in dieser Abhandlung schon einmal erwähnt, vgl. S. 51.

[68] Anspielung auf das *Gastmahl* von Platon.

⁶⁹ Anspielung auf die *Erziehung des Kyros* von Xenophon. Die Figur des Kyaxares, letzter König der Meder, ist eine Erfindung Xenophons.

⁷⁰ Das ist der Schluss des vierten Briefes von Platon, den er an Dion richtete.

⁷¹ Neffe Platons und sein Nachfolger als Vorsteher der Akademie.

⁷² Er wurde 168 v. Chr. in Pydna von Aemilius Paullus besiegt und in dessen Triumphzug nach Rom in Ketten mitgeführt.

⁷³ Demaratos von Korinth ist als Vertrauter von Philipp und später von Alexander bekannt, welchen er auf seinem Asien-Feldzug begleitete.

⁷⁴ Plutarch ist der einzige, der den Platoniker Ammonios, seinen Philosophielehrer, in seinen Schriften erwähnt.

⁷⁵ Vers aus der *Stheneboia* von Euripides, von der noch einige weitere Fragmente bestehen.

⁷⁶ Vgl. Platon, *Gesetze,* 5, 729 b.

⁷⁷ Kleitos, Freund und Verwandter Alexanders des Grossen, wurde von diesem 328 v. Chr. während eines Streites bei einem Gastmahl getötet. Diese sehr berühmte Episode wird in Plutarchs *Leben Alexanders,* 50–51, erzählt.

⁷⁸ Der berühmte Athener Demagoge. Kaltwasser hat hier den Text missverstanden und die Rollen vertauscht: Eigentlich wurde die Anklage von Kleon gegen Aristophanes gerichtet.

⁷⁹ Aristophanes, *Acharner,* v. 503.

⁸⁰ Lakedämonischer Politiker und General, der die Athener besiegte und so 404 v. Chr. den peloponnesischen Krieg zu einem Ende brachte.

⁸¹ Xenokrates war Schüler von Platon und leitete die Akademie von 339 bis 312 v. Chr.

⁸² Zum Sprichwort gewordene Verse, die, ausser einer isolierten Zuschreibung an Euripides, meist ohne Bezugnahme auf einen Autor zitiert werden.

83 Euripides, *Die Phönikerinnen*, v. 1688.

84 Euripides, *Herakles*, v. 1250.

85 Dieser und die folgenden Verse stammen wahrscheinlich aus den *Tischgästen* des Sophokles, ein Stück, von dem nur einige Fragmente geblieben sind: Achilles ist wütend, weil er nicht an ein Gastmahl eingeladen ist, das von Agamemnon auf der Insel Tenedos organisiert wurde zu Ehren der achäischen Könige, die am Feldzug nach Troja teilgenommen hatten.

(Redaktionelle Übersetzung)

NACHWORT

DIESES Bändchen verdankt seine Existenz derjenigen seines geschwisterlichen Vorbildes, nämlich der
Edition des Plutarch-Traktates, die Alessandra Lukinovich und Madeleine Rousset im Französischen besorgt
haben [1], und von der hier die Einleitung übernommen
und von mir aus dem Französischen übersetzt worden
ist.

Aber während A. Lukinovich und M. Rousset eine
eigene, neue Übersetzung des Plutarch-Textes vorge-
legt haben, greift diese Ausgabe auf eine gut zweihun-
dert Jahre alte Übertragung zurück [2]. Der Grund dafür

---

[1] Plutarque: *Comment distinguer le flatteur de l'ami*. Introduction, tra-
duction et notes par A. Lukinovich et M. Rousset (Lausanne, Editions
de l'Aire, 1987).

[2] Johann Friedrich Salomon Kaltwasser (1752–1813) war Professor
der Herzoglichen Landschule zu Gotha und übersetzte den ganzen
Plutarch. Seine Übertragung der *Moralia* fiel 1811 Goethe in Karlsbad
in die Hände (wo der als Begründer der Altertumswissenschaft gel-
tende Friedrich August Wolf sie liegen gelassen hatte). Vgl. K. Zieg-
ler: Plutarchos. In: *Paulys Real-Encyclopädie der Classischen Altertumswissenschaft* 21 (1951): 958.

[Die Übersetzung Kaltwassers wurde aus den fünf vorhandenen
deutschen Übertragungen von Plutarchs «Schmeichler»-Abhandlung
wegen ihrer historischen Bedeutung ausgewählt, obwohl sie an manchen Stellen, besonders aufgrund von Ergebnissen moderner philolo-
gischer Textkritik, verbessert werden könnte. Dreimal wurde der
ganze Text vor Kaltwasser ins Deutsche übertragen: 1520 von Spala-

liegt nicht etwa darin, dass es zeitgenössische deutsche Übersetzungen ohnehin genug gäbe. Das Gegenteil ist der Fall. Und dieses Gegenteil geht so weit, dass seit der «Plutarch-Schwärmerei» des ausgehenden 18. Jahrhunderts das Interesse für den spätantiken Schriftsteller immer mehr abgenommen hat, so dass es angezeigt erscheint, zwischen Plutarch und uns jenes späte 18. Jahrhundert als Relaisstation aufzusuchen. Die Einrichtung dieser Zwischenstation soll dem Umstand Rechnung tragen, dass Plutarch für uns ein altmodischer, um nicht zu sagen veralteter Schriftsteller ist, dessen moralisierender Anspruch uns kaum mehr ernsthaft berührt.

Dieser Aspekt der heutigen Text-Wirklichkeit ist in der französischen Ausgabe auf ganz andere Weise zur Geltung gekommen: indem nämlich die Herausgeberinnen in ihrer Einleitung die eigentliche, die moralische und vor allem die politische Intention beiseitestellen und, geschult in der französischen Text-Analytik der letzten Jahrzehnte, die «innere» Raffinesse des Textes herausarbeiten. Sie kehren dem altväterlichen Moralisten Plutarch den Rücken, um die immanente Intelligenz des Textes herauszuschreiben und den Text selber in einer von jedem Schwulst freien Version neu zu schreiben.

tin, dem Hofprediger Friedrichs des Weisen, Herzog von Sachsen; von Michael Herr als Teil der Moralia-Sammlung 1535 in Strassburg; sowie anonym in Zürich 1774. Eine einzige spätere Übertragung erschien 1829 von Joh. Christian Felix Bähr in Stuttgart, ebenfalls in der Moralia-Sammlung integriert. NdR.]

Dabei entgeht A. Lukinovich und M. Rousset nicht, dass sie mit der Herausarbeitung der Text-Strategie der praktischen Intention des Traktates doch dicht auf den Fersen bleiben. Denn ins Verwirrspiel der Ähnlichkeiten, das die Abhandlung entfaltet, gehört sie selbst hinein – womit sie sich als *Text* im wörtlichsten Sinn qualifiziert. Eine ernsthafte Beschäftigung mit dem Text kann es anscheinend nicht ganz vermeiden, von den Fäden des Textes in sein Webmuster, in seine «Bindung», einbezogen zu werden. Und dennoch kann man sich nicht der Empfindung verschliessen, dass Plutarchs «Moral» nicht mehr greift, schon gar nicht mehr bindet.

Plutarchs Moral, genauer gesagt, die Annahmen, die seinen Abhandlungen über die Freundschaft (er hat noch eine über die Bruderliebe, eine über die Vielzahl von Freunden und eine über den aus den Feinden zu ziehenden Nutzen geschrieben) zugrunde liegen, waren schon zu seiner Zeit unzeitgemäss, wenn man will: nostalgisch. Jedenfalls insofern, als die Freundschaft nicht nur für das private Leben hoch eingeschätzt worden ist, sondern auch als Element der Politik gelten sollte. Plutarchs Widmung seines Textes an einen hochgestellten Zeitgenossen kann nicht darüber hinwegtäuschen, dass im römischen Imperium die Axiome der klassischen Politik nur mehr «rhetorischen» Wert hatten, wobei dieser rhetorische Wert immer noch zwischen ethischem Appell und bildungsbürgerlich verbrämter Anbiederung oszillieren mochte. Plutarchs Traktat steht somit in einer Zweideutigkeit, wie sie von ihm selber abgehandelt wird: in derjenigen zwischen Freundschaft und Schmeichelei. Ähnlich verhält es sich aber bereits mit der klassischen Formulierung der politischen Freundschaftslehre: in der *Nikomachischen Ethik* des Aristoteles (in der übrigens die Ähnlichkeit zwischen dem Freund und dem Schmeichler als noch enger dargestellt wird als bei Plutarch: 1159b12). Bereits diese Schrift spricht in einer Welt, in der die von der Polis her gedachte Politeia (mit ihrer nach dem Modell der Brüderlichkeit konzipierten «politischen Freundschaft») der Vergangenheit anzugehören beginnt; so dass sich Plutarchs Unzeitgemässheit als eine zweiten Grades herausstellt. Und diese Unzeitgemässheit sollte sich perpetuieren, wo und wann immer Plutarchs Abhandlung wieder Leser und Widmer und Schätzer gefunden hat. Immerhin bedurfte es dazu einer Gemeinsamkeit mit der Antike: der Hochschätzung der Freundschaft als Tugend (und Glück). Und diese Hochschätzung hatte sich durchs Mittelalter erhalten (vermutlich nicht nur dank dem Einfluss der antiken Kultur, sondern auch neu belebt durch so etwas wie das Männerbundwesen[3], das ja auch den griechischen Kriegergesellschaften nicht fremd war und sehr wohl in die Konstituierung der griechischen Poleis einging)[4].

In der Kultur der frühen Neuzeit spielte das Freundschaftspathos noch eine grosse Rolle – wobei die ihm «noch» angezeigte Unzeitgemässheit sich vor allem durch die Formierung des Absolutismus in einer

[3] Siehe etwa Stig Wikander: *Der arische Männerbund* (Diss. Uppsala 1938).
[4] Vgl. Christian Meyer, Paul Veyne: *Kannten die Griechen die Demokratie? Zwei Studien* (Berlin 1988): 8, 68 ff.

Weise verschärfte, die die «ursprüngliche» aristote-
lisch-plutarchische Unzeitgemässheit überboten haben
dürfte. So vermutet Michel Foucault, dass die in der
frühen Neuzeit sich abzeichnende Diskriminierung
der später so genannten Homosexualität mit der politischen Disqualifizierung von Freundschaftsbeziehun-
gen zusammenhängt, wie sie in aristokratischen Gesellschaften üblich waren[5]. Aber auch wenn die
Freundschaft im 17. Jahrhundert an politischer Bedeutung eingebüsst haben sollte, so gab es doch eine
hoch ausgebildete wissenschaftlich-literarische Freundschaftskultur. Ein Beleg dafür sind die Komplimen-
tierbücher, die sich im Zentrum der Problematik der
Plutarch-Abhandlungen aufhalten: so die *Ethica comple-
mentoria* von Johann Georg Greflinger (1645) oder die
Complimentiercomödie, die der Professor der Poesie,
Rhetorik und Politik Christian Weise 1677 in seinen
Politischen Redner einlegte[6].

Das 18. Jahrhundert bringt in diese bereits zwie-
spältige Freundschaftskultur weitere Spaltungen. Die
Aufklärung verwirft das Komplimentierwesen als fau-
len Kompromiss und postuliert mit einem optimisti-
schen Menschenbild die schrankenlose Offenheit.
Gleichzeitig scheint sich die unzeitgemässe Zeitlich-

---

[5] Vgl. Michel Foucault: *Von der Freundschaft* (Berlin 1984): 99. Im
übrigen zeigt diese Vermutung an, in welchen Zusammenhang Foucault seine «Geschichte der Sexualität» zu stellen gedachte: Er hatte
vor, ihr eine Genealogie des Krieges und dann eine Genealogie des
Rechtes folgen zu lassen.

[6] Siehe dazu K.-H. Göttert: Legitimationen für das Kompliment. In:
Deutsche Vierteljahresschrift für Literaturwissenschaft und Geistesgeschichte 2
(1987).

keit der Freundschaftsbeschwörung auf der Ebene der Politik positiv zu wenden: scheint nun endlich die Freundschaft als Politikum *vor* den Menschen zu liegen. Tatsächlich ist Plutarch von allen Aufklärern, von allen Denkern und Akteuren der Revolution geradezu verherrlicht worden. Das hat aber nicht dazu geführt, dass seine pragmatische Denkungsart wirklich aufgenommen worden ist. Vielmehr ist dieser durch den Radikalismus der Aufklärung der Boden gerade entzogen worden (wenngleich Kant – wie auch sonst – dem antiken Thema der Freundschaft *noch* einige Aufmerksamkeit schenkt – aber eben bereits im Kontext einer anders begründeten Ethik)[7].

In der folgenden Generation geriet Plutarch zunehmend in Misskredit: weil ihn die Revolutionäre auf den Schild gehoben hatten *oder* weil man sich in der Nachfolge Winckelmanns den eigentlichen Klassikern zuwandte. Den Philologen war Plutarch zu epigonal... Diese Philologeneigentlichkeit ist bekanntlich in Deutschland auf die Spitze getrieben worden – bis zu Heidegger.

In einer Welt, in der die Menschen immer dichter aufeinander zurücken und in der zugleich die Losung des Pluralismus immer lauter wird, scheint Carl Schmitt der einzige zu sein, bei dem sich noch ein letzter Rest der politischen Freundschaftslehre zu Wort meldet[8]. Wie bei Plutarch erscheint der Freund als ein

[7] Siehe dazu Nancy Sherman: Aristotle on Friendship and the Shared Life. In: *Philosophy and Phenomenological Research* (Juni 1987).
[8] Carl Schmitt: *Der Begriff des Politischen. Mit einer Rede über das Zeitalter der Neutralisierungen und Entpolitisierungen* (München und Leipzig

Term einer Unterscheidung: Es ist aber nicht die Unterscheidung zwischen dem Freund und dem Scheinfreund, sondern die zwischen dem Freund und dem Feind. Zwischen dem erratischen Block Carl Schmitt und der hier angedeuteten Problematik der Antikenrezeption gibt es neuerdings einige vielleicht vermittelnde Arbeiten oder Arbeitsvorschläge. Da ist vor allem Michel Foucaults genealogisch, d. h. epigonal angelegter Versuch, die antiken Ethiken (mitsamt ihren inneren Antagonistiken) für unsere Gegenwart zu entschlüsseln – und zwar nicht unter Absehung von der geraumen Zwischenzeit und daher auch nicht unter Ignorierung der Spätantike[9]. Und da sind zuletzt Jacques Derridas jüngste Ausführungen (in Bochum) zu den «Freundschaftspolitiken», in denen sich die «Geschichte der Freundschaft» als eine wesenhafte[10] Vorzukunft abzeichnet.

Anscheinend bedarf es der Franzosen (die uneigentliche Lateiner sind), damit die Unmittelbarkeit zum Griechischen (überhaupt zum Ursprünglichen) gebro-

1932): 14 ff. Schmitt beschränkt die Freund–Feind-Unterscheidung (und damit das Politische!) auf die Aussenpolitik. Dazu W. Seitter: *Menschenfassungen. Studien zur Erkenntnispolitikwissenschaft* (München 1985): 235 f.

[9] Michel Foucault: *Sexualität und Wahrheit 2 und 3: Der Gebrauch der Lüste; Die Sorge um sich* (Frankfurt 1986). Seine letzten Vorlesungen widmete Foucault der Freimütigkeit; vgl. M. Foucault: Le souci de la verité. In: *Magazine littéraire* 207 (1984): 23.

[10] Simultan simuliert Derrida dieses «Wesen» der Freundschaft mit der Anrede «Meine lieben Freunde, es gibt keinen Freund!» – die vor ihm schon Kant und Montaigne und Aristoteles zitiert haben. Jacques Derrida: *Politiques de l'amitié.*

chen wird[11]. Und damit möglich wird, was vielleicht notwendig ist: die Aktualität der Unzeitgemässheit solcher Darlegungen wie der Plutarchs endlich zu sagen.

Wien, im Sommer 1988   Walter Seitter

[11] Paradigmatisch für diese – epistemische – Brechung (und die Rolle Roms darin) ist Georges Dumézil: *Entretiens avec Didier Eribon* (Paris 1987): 21, 122.

Copyright by Verlag Gachnang & Springer AG, Bern 1988
Lektorat: Constance Lotz

Gestaltung: Peter Sennhauser, Stämpfli + Cie AG, Bern
Gesamtherstellung: Stämpfli + Cie AG, Bern

Printed in Switzerland
ISBN 3-906127-17-6

Copyright für die französische Ausgabe:
Editions de l'Aire, Lausanne 1987